GAOZHI JIAOYU
YU JIAOXUE GUANLI SHIJIAN YANJIU

高职教育
与教学管理实践研究

黄立 ◎著

中国出版集团
中译出版社

图书在版编目（CIP）数据

高职教育与教学管理实践研究／黄立著 . -- 北京：
中译出版社，2024. 5

ISBN 978-7-5001-7924-5

Ⅰ. ①高… Ⅱ. ①黄… Ⅲ. ①高等职业教育-教学管
理-研究 Ⅳ. ①G718. 5

中国国家版本馆 CIP 数据核字（2024）第 103353 号

高职教育与教学管理实践研究
GAOZHI JIAOYU YU JIAOXUE GUANLI SHIJIAN YANJIU

著　　者：黄　立
策划编辑：于　宇
责任编辑：于　宇
文字编辑：田玉肖
营销编辑：马　萱　钟筱童
出版发行：中译出版社
地　　址：北京市西城区新街口外大街 28 号 102 号楼 4 层
电　　话：（010）68002494（编辑部）
邮　　编：100088
电子邮箱：book@ctph. com. cn
网　　址：http://www. ctph. com. cn

印　　刷：北京四海锦诚印刷技术有限公司
经　　销：新华书店
规　　格：710 mm×1000 mm　1/16
印　　张：12. 5
字　　数：204 千字
版　　次：2024 年 5 月第 1 版
印　　次：2024 年 5 月第 1 次印刷

ISBN 978-7-5001-7924-5　　定价：　68. 00 元

前　言

中国经济和社会条件发生了巨大的变化，呈现出了国际化、大众化、市场化、多样化的特点，高职教育在推进国民经济持续增长、实现产业转型升级中的作用日益凸显。高职教育的跨越式发展，不但促使硬件设施全面提升，而且催生了教育理念、管理思维、培养模式等的全面跟进。高职院校要实现科学发展，办出成效，办出活力，少走弯路，必须有明确的战略指导。正视高职院校学生教育管理工作的发展变化和新的要求，主动转变和革新教育管理的理念，是做好新形势下高职院校学生工作的基本出发点和根本宗旨。

本书的方向是教育管理，主要研究高职教育与教学管理。本书从高职教育的意义与任务、方法与构想及教学管理的体系与模式入手，针对高职教育教学的管理内容、班级管理、组织管理及实训基地建设进行了阐述；接着深入探讨了高职教育管理体制创新理论，并基于高职教育管理体制创新改革实践做了分析；另外，对高职教育的订单式校企合作人才培养和"双师型"师资培养提出了一些建议；最后，研究了高职教育专创融合的实践和优化策略，希望对高职教育教学管理的应用创新起到一定的借鉴作用。

在本书撰写过程中，作者得到了很多宝贵的建议，谨在此表示感谢。同时参阅了大量的相关著作和文献，在参考文献中未能一一列出，在此向相关著作和文献的作者表示诚挚的感谢和敬意，同时也请对撰写工作中的不周之处予以谅解。由于作者水平有限，编写时间仓促，书中难免会有疏漏不妥之处，恳请专家、同行不吝批评指正。

作者

2024 年 1 月

目　录

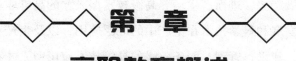

第一章 高职教育概述

第一节　高职教育的意义与任务

一、高等职业教育是经济社会发展和科技进步的需要

中国高等职业教育起步相对较晚，但随着社会经济的发展，它的作用越来越被人们所认可。

中国生产力水平迈上了一个新台阶。随着高新技术的迅猛发展，中国的产业结构调整和技术结构升级将进入一个新的阶段，这一切必将要求劳动力和专门人才结构随之做出调整。

与此同时，经济结构的调整和科技的进步使得社会职业岗位的总体结构发生变化。随着高新技术的广泛应用，产生了许多与高新技术有关的职业岗位；第三产业的蓬勃发展，使社会职业岗位分布出现了新格局，产生了一系列新的职业岗位；原有的职业岗位既有分化又有复合。社会职业岗位除分化外，还出现了不少智能结构呈复合特征的职业岗位。这种复合有两种类型：第一类是技术与技术的复合，如机械与电气的复合产生机电一体化的岗位；第二类是技术与技能的复合，如加工中心编程、操作、维修等岗位。这些岗位中，高职学院教学管理技术知识与操作技能已成为不可分割的整体，因而形成了独立的智能型职业岗位。无论是由于高新技术发展所产生的岗位，还是由于第三产业兴起而增加的岗位，对技术含量和智能水平的要求都比较高。

职业岗位在技术水平上的分化，既是岗位技术幅度的加大，又是岗位技术层次的延伸。职业岗位的复合也经常会导致岗位技术成分的提升和劳动内涵的丰富，这一切必定会促进职业技术教育层次的提高，出现职业教育由中等层次向高等层次上移的发展趋势，进而产生培养高级技术型人才的高等职业技术教育。

随着经济的发展和科学技术在生产中的广泛应用，以及生产和管理中科技含量的提高，生产、建设、管理、服务一线的高等技术应用型人才将成为科学技术转化为现实的生产力、全面提高经济效益和产业结构调整的生力军；而科技进步和国际竞争的压力迫使企业对毕业生的个人素质与职业能力提出了更高的要求。一些单位已认识到科技强企的重要性，对选聘人员的知识、能力、素质结构进行综合评价，从客观上要求中国要注重发展高等职业技术教育，为社会经济发展和科技进步提供必要的技术劳动力支撑，为科技向生产力转化提供条件。

二、高等职业教育是中国高职教育结构改革的需要

近年来，中国高职教育取得了举世公认的成就，为经济建设培养了大批专业人才，但同时也暴露出与经济发展和社会需求不相适应，无法满足公民自身全面发展的要求等问题。中国高职教育进行了结构调整，加快了教学领域的改革，积极探索培养应用型人才的办学模式，取得了明显的改革成果，为中国高等职业技术教育的发展带来了新的生机。

高等职业技术教育是现代高职教育结构中的重要组成部分，它的出现是中国高职教育结构调整的结果，是造就一大批高层次技术应用型人才的重大举措，也是科教兴国战略的重要组成部分。

三、高等职业教育是适应中国未来人口结构变化的要求

将沉重的人口负担转化为强大的人力资源优势是中国实现现代化的必由之路。另外，随着九年义务教育的普及，公众自身对接受更高层次的教育也提出了新的要求。发展高等职业技术教育是适应高职教育大众化的重要举措，是提高国民素质、增强国际竞争力的根本出路，是中国高职教育适应未来人口结构变化做出的必然选择。高职高专院校教学管理的基本内容，一般包括教学计划管理、教学运行管理、教学质量管理、教师队伍管理及实验室、实训基地和教材等教学基本建设管理。

综上所述，高职教育的教学管理可以归纳为：按照高职教育的客观规律和特点，依据高职教育的人才培养目标要求，对学校教学活动进行有计划的组织、安

排、控制、监督而全面实施的过程。

四、教学管理的总任务

高职院校教学管理的总任务是根据国家的教育方针、办校原则和有关政策，按照培养目标的要求，充分利用高职院校的人力、物力、财力及环境等条件，进行计划、组织实施、监督检查、指挥协调、控制质量，培养高质量的合格人才。换言之，教学管理的总任务是在教学过程中努力建立稳定的教学秩序和科学的管理制度，保证培养目标的实现。这是教学管理活动的出发点，也是一切教学管理活动的目的。教学管理系统的一切工作必须围绕它来进行，并为完成这个总任务服务。

（一）制订学校的教学工作规划

学校的教学工作规划应包括明确的指导思想和奋斗目标，提出实现目标的措施和程序。一个学校必须有自己的奋斗目标（长期或短期），才能使学校的教学工作有一定的依据，并对全校师生起到组织、鼓舞、动员和激励作用。确定教学工作的奋斗目标，主要是确定学校的发展规模和速度，以及培养人才的数量和质量。

1. 调查需求

调查需求就是调查分析市场经济和社会发展的需要。中国现有生产力发展和财政上可能提供的教育投资，学校的校舍、仪器设备、图书资料、师资力量等都是需要调查分析的内容。只有胸怀全局，才能做好教学发展规划。

2. 预测趋势

预测科学技术和经济建设发展的趋势。由于人才培养周期长，要考虑当前和未来社会生产结构、各行各业、各门学科的发展趋势，来确定培养什么样的人才，须办什么新专业，如何改造和调整现有专业，确定什么样的科研方向，教师从哪个方向培养和提高等。

3. 借鉴经验

要借鉴教育和教学上的经验，主要了解和掌握高等学校教学规律与教育发展的历史进程，使规划符合客观规律。

4. 实事求是

拟订教学发展规划和确定奋斗目标，一定要从本校的实际出发，遵循改革、发展、稳定的原则，既要看到社会经济发展对人才的需要，采取积极发展的态度，尽量促进教育事业的发展，又要看到需要与可能的矛盾，从实际出发确定发展规模和速度，强化办学的必要条件和基本条件，保证教育质量的提高，确定教学目标和制订规划过程的可行性。

确定教学工作目标和制订规划是一项决策性工作，需要制订各种方案进行比较和优化，选择最佳方案，并编制执行计划，在执行过程中通过反馈情况不断地加以调整和修改，使教育目标和事业发展规模更加切合实际。

（二）建立科学的管理系统

建立一个科学的管理系统，把学校的人力、物力、财力、时间、空间合理地组织起来，保证教学的稳定、信息的畅通无阻、工作效率的提高，并协调教学与科研、产业、后勤等各部门及各部门各环节的相互配合和衔接。在管理系统中，必须明确各工作岗位的职责和各级教学管理人员的相互关系，做到职责分明，既有明确分工，又有各岗位之间的密切配合，以保证执行计划的顺利实施。

（三）正确管理教学管理人员

实施教学管理的一个重要前提就是正确选择、考核、培养、提拔教学管理人员，保证人尽其才，把适当的人员安排在合适的岗位上，使其发挥聪明才智。管理人员素质的提高和智力的开发是提高办事效率的重要途径之一，而教学管理人员长期在教学管理第一线，政策性与原则性要求很高，工作十分繁重，故而必须制定选拔、使用与考核制度，采取有效措施对全体人员进行培训，提高他们的思想水平和工作能力，发现和培养人才，把德才兼备的人员推荐到领导岗位，这是搞好教学管理的一项具有战略意义的工作。

（四）对管理工作实施检查和指导

要实现教学管理的目标，实施各项管理任务，教学管理人员必须善于将教育法令、法规变成师生的教学行动，善于同教师建立良好的人际关系，取得他们的信任，倾听他们的意见，充分调动教师和学生的积极性，在民主管理的基础上集中进行，运用自己的威信和权力，及时地提出工作方针和计划，指导他们的工作方法，检查他们开展工作的效果。教学工作不仅要有理论号令，还必须做具体指导。只有布置而无具体的指导和严格的监督、检查，则无法搞好管理工作。

（五）管理工作要形成信息反馈和控制过程

要按信息和控制论的观点，把教学工作的目标确定为标准行动。信息反馈就是通过实际行动达到目标，作为信息系统的输出，反馈回来与原来设定的总目标和总标准进行比较，及时地发现偏差，加以调整和纠正，调节管理过程，进而进行有效管理。为了有效地进行控制，必须建立信息反馈制度，保证信息的畅通。这里所谓的信息主要指两方面：一是数据、指标、报表、总结、决议、规定等；二是各类人员的教学思想状况、工作态度和相互关系等。衡量一个管理信息系统是否健全的重要标志之一就是它的外部信息和内部信息的传递是否准确和迅速。信息失真就会使领导的决策失误。信息反馈控制是现代管理中非常重要的手段，没有畅通无阻的信息反馈，也就无法对教学的各项活动进行有效控制，教学管理就会变为一句空话，其教学目标也就无法实现。

（六）管理工作就是协调和服务

管理就是指挥，而指挥就是协调，协调就是服务。教学管理就是要指挥和协调各系、各部门的教学工作，为师生服务，调动师生教学与学习的积极性和主动性，把他们的行动统一到教学工作的总目标上来，为提高教学质量而努力。

（七）管理工作必须不断改革创新

随着教学改革的不断深化，创新越来越成为教学管理的一项重要职能，如果教学管理工作只限于继续做那些过去已经做过的事情，墨守成规，不去改革创新，将是危险的。显然，从本质上来说，高职院校的教学管理不是适应性的工作，而是创新性的工作。

教学管理还有其他一些职能，但主要的就是上述几项。这几项中最主要的有两项，即决策和用人。教学管理的决策是战略问题，是全局问题，如果决策错了，具体工作管理得再好，教学质量和教学水平也谈不上提高，所以有的管理学派认为管理就是决策。教学管理的用人是战术问题，即使决策正确，如果用人不当或管理人员配备不当，任务也是不能完成的，也就无法实现总目标。在现代化管理中，人仍然是决定性因素，所以有的管理学派把管理定义为对人而不是对物的管理。

教学管理的总任务是从全局高度制定的，它具有全局性和整体性。要完成这个总任务，还必须确定教学管理的具体任务，通过完成这些具体任务来完成教学管理的总任务。

五、教学管理的具体任务

及时学习和了解当今世界新技术革命的发展趋势与国家经济建设的新形势，掌握社会对高职院校培养人才的需求特点，从高职院校的实际情况出发，吸取国内外职业教育的先进经验，认真研究专业设置、教学计划、课程体系、教学大纲、教学方法等诸方面的现状、存在的问题和改进调整的最佳方案，勇于创新，大力加强和深化教学改革。

从教学过程的实际出发，分析教学过程中的各个环节和指导思想是否符合教学规律与教育目标的要求，发现问题，及时采取有效措施，进行正确的引导和必要的纠正，帮助教师树立正确的观念。高职院校教学管理人员要经常深入教学实际，研究和掌握教学过程中的具体情况和问题，把握教师的教学思想，看其是否符合国家的教育方针，是否符合高职教育培养目标。在日常教学活动中，教学管理人员要坚持高职教育教学工作管理的原则，正确处理理论与实际，教学与生产、科研等方面的关系，努力把学校办好。

根据教学规律、教学大纲、教学计划、上级要求及高职院校的实际情况，建立健全教学工作的各项规章制度，制订各项教学工作的具体计划并认真贯彻落实，从而稳定教学秩序，优化教学环境，保证教学任务的完成和教学效果的提高。要建立与维护良好的教学秩序，教学管理人员必须遵循各项教学工作管理原则，按照一定的程序，运用一定的管理手段，对教学工作统筹计划、适当安排，使理论教学、实践教学及各种教学活动有层次、有计划、有步骤地协调进行。在管理过程中坚持执行各种岗位责任制，以保持教学工作各个环节的相互衔接和正常运转。任何学校及教师不得任意停课或抽调学生从事教学以外的活动，任何教师也不得随意修改经学校批准的教学计划和任意停授某些章节或课题，这是维护学校正常教学秩序的必要条件。维护学校的正常教学秩序，教学管理人员必须加强科学管理，建立健全各项教学管理制度，本着"赏罚严明，为治之要"的宗旨，对"教"和"学"两方面进行严格考核，有奖有罚，促使教学工作不断向前发展。

充分调动教、学双方的积极性，发挥教师的主导作用，增强学生的学习自觉性和主动性。运用科学的质量管理理论、方法和手段，研究制定教学质量标准和教学质量评估办法，依据教学质量标准，对教学工作进行科学的、严格的质量检查和有效的质量控制，确保教学质量的提高和教育目标的实现。对教学工作经常进行监督检查，对教师执行教学计划、完成教学大纲的情况，以及备课、上课、批改作业、辅导、考试等情况，通过听课、检查教案和作业及召开各种形式的座谈会等手段，及时了解情况，获得信息，采取必要的措施，使教学质量不断提高。同时对学生的学习态度、课堂秩序、学习方法和效果进行及时检查，通过检查不断地调动教师和学生的积极性，保证培养目标的实现。

做好图书资料、科技信息、教学档案、仪器设备、实验与实训场所的管理工作。

通过各种途径和方法，定期了解毕业学生和用人单位对高职院校培养人才的意见与建议，认真分析研究，听取正确意见，作为改进教学管理、调整培养计划、提高教学质量的客观依据。

协调教学工作的内外关系，保证教学工作计划的顺利实现。高职学院教学工作层次系列多、涉及面广，较普通教育的教学工作管理更为复杂和困难。因此，在管理过程中要注意随时调整和协调教学部门内部及部门之间、上下左右部门之间的相互关系，使学校中的党政工团、教学、生产、科研、后勤等方面协调一致，通力合作，确保学校教学工作计划的顺利实施。

加强教学研究，不断改革教学工作。要使职业技术教育符合时代的要求，更好地为经济建设服务，教学管理人员必须加强高职学院教学管理学研究，在管理内容、管理方法、管理形式和管理手段上不断改革创新，使教学管理工作逐步科学化、现代化。

　　上述各项具体的教学管理任务都是教学管理总任务的组成部分，虽然有其相对的独立性，但它们之间是相互联系的。因此，要实现教学管理的各个具体任务，既要在教学管理总任务指导下，有计划、分阶段、按时序地进行，又要进行有效的协调控制，处理好它们之间的关系。

　　高职院校教学管理是一门新学科，是高职教育学、职业教育学和现代管理科学相互交叉而形成的一门应用性很强的学科。中国高职教育学、职业教育学和管理科学近年来才逐步发展，高职院校的教学管理学科更是处在起步阶段，它作为一个独立的体系还不成熟，许多问题有待研究。我们应从工作出发，结合教育科学和管理的基本理论去探索教学管理应遵循的规律。

第二节　高职教育的方法与构想

一、高职院校教学管理的研究对象

　　高职院校教学管理是从教育的原理出发，研究教学的本质、目的、制度、内容、基本原则，研究高职院校的事业规划、培养目标、专业设置、教学计划、教学环节、教学内容、教学方法和手段、教学质量等各项工作中的管理原则、制度和方法。亦即在社会活动和公共活动中，从教学管理角度提出目标，并为这一目标准备必要条件，以促使其完成。通过研究教学管理的实践活动，帮助人们按教学规律去组织教学过程，以最合理的方式和途径，最大限度地发挥高职院校的人力、物力、财力、时间、空间和信息的作用，最有效地出人才、出成果，以利于教职员工的使用、管理，教学质量的提高和校风的培养。

二、高职教育教学管理的研究方法

　　高职教育教学管理有自己特定的研究对象，其研究方法必然带有多门学科研究方法的烙印。根据教学的特征，在进行研究时必须坚持以下三点。

（一）坚持联系实际的观点

　　教学管理属于教育的范畴，教育是一种十分复杂的社会现象，既有上层建筑的属性。又有社会生产力的属性，还有与社会其他生活有关的属性，教育差不多与整个社会生活的各个方面都有关系。人们研究高职教学管理，就要从横的方面来研究它与社会其他部门，如经济、文化、科学技术等各个部门之间相互依存、相互促进、相互制约的关系。一定社会的生产力发展水平、科学技术的水平及其发展速度、社会的经济制度、国家政权的性质对教学管理都有重大影响。搞好高职院校教学管理的一个重要前提就是要切实了解这些关系在一定的历史时期的具体内容，而不能离开社会孤立地考察教学管理。

（二）坚持发展的观点

一定的教育制度和管理体制都是社会发展到一定历史阶段的产物。判断一种教育制度和管理体制的优劣，必须根据一定发展阶段的时间、地点和条件来分析与考察。要防止把某种教育制度、管理体制绝对化，看成尽善尽美的模式，一切事物都在发展之中，教育制度、管理体制也在发展之中。人们应在发展之中把握其发展趋势，摸索、选择其适合当时、当地具体情况的教育制度和管理体制，而且还应随着社会其他部门（如经济、文化、科学技术）的发展而自觉地调整教育制度和管理体制，使之相互适应。

（三）坚持实践的观点

实践是检验真理的唯一标准。什么是成功的经验，什么是失败的教训，什么是符合科学的管理，判断的办法只有一个，就是实践。经过实践证明能取得良好效果的管理，就是正确的管理，就是科学的管理。但是，正确的判断只是实践的第一步。因为各个学校情况（如培养人才的要求、学校的历史传统、现实的条件等）不同，要把别人的经验变成自己的东西，还要通过实践，在实践中消化别人的经验；并在实践的基础上，把感性的认识上升到理性的认识，把零散的经验上升为理论的原则，从个别中概括出一般。研究高职院校的教学管理还应该采取历史法、调查法、试验法、观察法、移植法等各种方法。有些常用的具体方法包括在这些基本方法之中，如谈话法、问卷法就是调查法的组成部分；有些方法则是上述方法的综合。

历史法是运用文献史料进行研究的方法。它通过分析研究高职院校管理实践和理论，认识高职院校管理制度、原则和方法演变发展的规律，继承前人创造的经验和成就。

调查法是通过谈话、问卷、开调查会、分析书面材料等手段，有计划地、系统地了解高职院校教学管理工作的实际情况，弄清成绩和问题、经验和教训，总结发展趋势，概括出学校管理的规律。

试验法是按照某种管理体制、原则和方法，挑选条件比较适合的高职院校进行试验，以实际效果来检验、补充、发展或者否定这种管理体制、原则和方法。试验法的特点在于研究者对研究对象进行一定的人工控制，以便较准确地确定事物的矛盾，探索产生问题的原因及这些问题的联系，检验方案的效果，补充并发展某种理论和原则。

观察法是按照一定计划，对研究对象——高职院校教学的全面管理或某一方面的管理进行系统的观察，以便全面、正确地掌握材料，作为研究和判断的依据。

移植法是从别的企业、行业、部门的科学管理中吸取适于高职院校管理的原则和方法。

需要指出的是，高职院校教学管理比较复杂，不能仅仅依靠某一种方法进行研究，而是需要几种方法的配合，才能揭示其本质的联系，认识其规律。例如，当人们研究如何改进高职院校的某一教学管理工作时，就可以通过调查法全面了解各种具体情况；通过观察法去确定各种现象的具体表现；通过实践法探索形成各种现象的因素；通过历史法寻找各种问题发生的根据、发展的过程及解决问题的方向和途径。

只有善于根据具体情况、任务、要求和条件，把各种研究方法结合起来，取长补短，才能比较顺利地达到研究目的，取得更好的成果。

三、高职教学管理理论研究

教学管理是一门科学，也是一种特殊的实践活动，只有用正确的理论做指导，教学管理才能卓有成效。正所谓"没有理论做指导的实践是蛮干，没有实践做基础的理论是空谈"。

如何开展教学管理研究和教育理论研究？在管理工作中只要做到"两结合、

两为主、高质量、回头看”就可以自觉进入研究状态，随着时间的推移和经验的积累就可以体会到收获的喜悦。“两结合、两为主”是指：理论问题研究与应用问题研究相结合，以应用问题研究为主；长远问题研究与眼前问题研究相结合，以眼前问题研究为主。“高质量、回头看”的意思是，开展某项新业务尽可能做到高质量、高标准；在完成任务后，必须认认真真地写好总结经验，在实践的基础上，从理论的高度进行科学总结。周而复始、持之以恒，个人的理论水平和业务能力就会出现质的飞跃，就能在教学管理研究和教育理论研究方面有所建树，就能对高职教育的健康发展有所贡献，实现个人与学校事业的同步发展。

总之，在教学管理中只要掌握理论、尊重规律、利用规律、坚持原则、明确目的、讲究方法，就一定能够取得预期的管理质量和管理效果。

四、高职教学管理构想

高职教育教学角色定位，阐述高职教育和高职院校的战略定位、性质意义、作用和地位角色，突出其必须适应区域经济发展的本职使命。高职院校的专业设置与调整，结合高职院校和市场经济的特点，讨论高职院校专业结构设置、调整的意义和方法，提出一些具体的调整构想。

产学研结合模式探讨，可以从高职教育与市场经济接轨的大势和必要性出发，论述高职教学及其管理的观念转型，提出构建产学研结合的理论根据和操作策略。教学管理的现代化，可以着重讨论高职院校教育教学管理手段、方式和具体操作的信息化、网络化和规范化。高职院校的课程建设，可以讨论高职院校的课程特色，提出高职院校的课程改革、专业课程设置的理论依据和基本要求。高职院校的人文精神建设可以从分析高职院校人文素质教育的意义、高职院校人文精神建设的基本策略入手，重点讨论高职院校的学风建设和管理，提出把人文精神培养贯穿到学风建设过程中去的构想。质量标准体系构建和考试改革，可以讨论高职院校教学质量监控的理论意义，提出学分制引入和优化的设想，提出高职院校考试制度、内容、方法、评价体系等方面的改革设想，提出高职教学质量监控的理论依据和方法策略。

第三节 教学管理的体系与模式

一、教学管理体系

教学管理是一个完整的体系，又是一个纵横相连、交叉相间的多维矩阵系统。高职院校中的教学管理一般以三维系统进行分解：以时间为序的层次排列；以条条（组织从属关系）为序的纵向排列；以块块（工作性质的联系）为序的横向排列。

（一）时间层次系统

一般分为长期、中期和年度计划三种。教学工作计划为了与国家长远的教育规划和科技规划相衔接，也应制订本校的长远规划，对学校的发展蓝图及重点发展方向等做一个规定性的描述，作为学校今后教学工作的指南。年度教学工作计划是指学年工作计划，是一种可操作性的计划。

（二）条条纵向系统

学校一般按其组织的从属关系要求各级制订教学工作计划，以便检查与督促全校上下共同完成学校的教学工作目标。一些高职院校的纵向计划大体按学校—系—专业—教研室—个人来安排这种纵向系统，其优势在于各级间有从属关系，计划内容层层落实，便于督促检查。

（三）块块横向系统

块块横向系统是一种以工作性质相同为联系的、跨组织的校内横向联系系统。目前，教务处内各科室的教务管理、教学质量管理、教材管理、实训基地管理等工作都与各系、各专业、各教研室有联系。

二、教学管理的模式

模式就是应用实物形状、关系、图表、数学公式等来表达某事物发展的内在联系，以达到直观明了、易于掌握的效果。

为了便于进一步说明学校教学管理各组成要素之间的内在联系，现将教学管理按其纵向、横向、时间层次关系建立一个系统模式，更好地把各个部门的管理组织起来，形成一个有机整体，以达到相互协调、顺利运转的目的。

教学模式是在一定的学习理论、教学理论等理论的指导下，根据对学习内容、学情的分析，形成的对教学过程的组织方式的简要概括。它是对课堂教学结构和教学过程实施的一种假设。学习理论和教学理论的发展性与复杂性，以及教学内容和学情的差异性，决定了教育教学模式的多样性。每一种模式都有其优势、局限性和适用环境。因此，就存在着多种模式的选择和组合，以及优化的现实性。

教学模式按其适用范围的不同，可以分为以下三个层次。

（一）宏观层次

宏观层次的教学模式，是一定的教育思想在教学实践中的反映。有以"教为中心"的传统模式，以"教为主导、学为主体"的过渡模式"，以"学为中心"的未来模式。随着教育思想的更新和信息技术的迅速发展，忽视学生学习主体性的传统模式，将逐次被学生主体性的过渡模式和未来模式所代替。

（二）中观层次

中观层次的教学模式是对教学过程实施程序的一种规范，有接受教学模式、程序教学模式、问题解决教学模式、探究发现教学模式等。接受教学模式以讲为主，系统讲授和学习书本知识；程序教学模式是设置个人学习情境，严格控制学习过程的模式；问题解决教学模式是以问题为中心，组织学生从活动中学习的模式；探索发现教学模式是提供结构化材料，引导学生进行探究发现式学习的模式。

（三）微观层次

微观层次的教学模式是对课堂教学结构过程的一种假设。是根据对认识论、课程论、教学论、价值论、方法论等研究，从逻辑结构、历史结构、学科结构所进行的探索得到的各种教学模式。

三、高职院校常用的教学模式

教学方法具有变异性和灵活性，教师可以灵活地选用，且应与教学实践相结合，努力设计和创新，这是课堂教学优化设计创新的重要保证。教学方法应用、设计和创新的基本原则，至少有以下十点。

（一）启发式教学模式

启发式教学模式要求按照认知事物、掌握知识技能和解决问题的思维过程，逐步启发、引导学生专注认知对象，引导探究质疑释疑，激励思考，层层深入，直到积极主动地领会和掌握知识技能。启发类型多种多样，如情境启发、比喻启发、联想启发、类推启发、想象启发、对比启发等。启发式的实质，就是启动学生的学习主体性、主动性、积极性，变教学的单向传输为双向互动。

（二）互动式教学模式

互动式教学模式是以培养学生自主意识和创新能力，以"让学生爱学、会学、善学"为目标的教学结构模式。把传道、授业、解惑看作是师生之间的情感交流、沟通方式，是一个动态的、发展的、教与学相互统一的交互影响和交互活动过程。在这一过程中，师生关系及相互作用得到调节，形成和谐的师生互动、生生互动、学生个体与学习中介及个人环境互相影响，从而产生教学共振、达到教学效果。

（三）发现式教学模式

发现式教学模式是在教师的引导、启发和激励下，使学生通过一系列发现的步骤，主动、自觉地探究知识、技能或理论。这种方法有助于培养和发展高职学生的认知兴趣、好奇心和创造欲，以及独立观察、发现、思考和解决问题的能力。

（四）问题引导式教学模式

问题引导式教学模式是以问题为引导，组织学生为解决某一问题而展开学习

（如自学各种材料、查阅文献资料、讨论、通过现代媒体学习等），从而将学生独立探索与掌握知识、技能有机结合起来的一种新型教学策略。它强调学生科学思维能力的培养，强调早期接触生产实践，强调在任务模拟环境下学习。具体实施步骤如下。

第一，向学生提供一套经过精心设计的问题或问题情境，以此引导学生去思考、学习相关基础知识。设计的问题必须紧密结合生产实践或生活实际，注意广度和深度，通过努力和教师的指导，学生能够独立解决。

第二，自学与感知。学生根据自学辅导材料（包括教学目标、相关学科内容范畴、指定参考书、参考文献及其他辅导资料）和提供的各种学习条件，学习资源（如电视教材、CAI、幻灯、实物、标本、模型）自学，以及教师辅导，从而掌握解决"中心问题"的相关课程知识、技能。

第三，小组讨论。学生写出书面材料，对问题给出合理解释及解决办法。在教师指导下进行讨论，相互启发，使问题答案更加完善。

第四，对学生的学习成绩及学习效果进行考核，对解决问题的方案进行评价，并利用反馈信息改进教学。

这种教学模式的主要特点有以下两点。

第一，教学内容的组织与展开打破了现有学科体系的人为界限，以实践中的问题为线索，将各个相关课程的知识综合起来，按照学生解决某一中心问题的思路去设计，将理论教学与职业实践结合起来，从而让学生在解决问题中学习。

第二，充分调动学生的主观能动性，在问题引导下，以自学为主，使学生的学习成为自主性、探索性的活动。它要求学生独立寻找解决问题的途径和方法，并在解决问题的过程中学习知识和技能。教师主要负责组织和引导学生完成任务。

（五）案例教学模式

案例教学，可以理解为以一定的媒介（文字、声音等）为载体，内含教育教学问题的实际情境。案例教学是较先进的一种教学模式，它是指教师在教学过程中，依据教学目标，针对教学内容，选择适当案例作为教学素材，在特定的教学情境中，师生共同运用理论分析和解决问题的一种教学方法。

生动的情境性、高度的拟真性、灵活的启发性和鲜明的针对性是案例教学的基本特征。在案例教学中，使教学与实际情境沟通和融合，师生在生产、生活、社会实际的基础上创设富有挑战性的问题情境，在获取信息、分析和解决问题的过程中，形成自主教学，感受知识和科学方法的实际价值，提高学习兴趣和热情，发挥学生的学习主动性、创造性。这是案例教学的情境性特征。教学案例是在实地调查的基础上精练地编写出来的，具有典型性和拟真性，可以训练学生通过信息的搜集、整理、加工，从而获得符合实际的判别能力。教学案例提供的是虚虚实实、能诱人深入的思维空间，具有灵活的启发性，可以达到最佳的学习效果。教学案例针对性强，学生通过案例分析，可以形成一套适合自己的思维方和工作方式。

案例教学的意义在于能促进教师转变教学观念，不断探索新的教学内容与教学方法；激发学生浓厚的学习兴趣，乐于结合实际探索研究；培养学生的沟通能力、合作能力、分析与解决复杂问题或疑难问题的能力。

（六）项目教学模式

项目教学模式是在教师主导下，让学生完成一个"项目"工作而进行的教学活动的模式。这里的"项目"是指完成一项具体的、具有实际价值的"产品"。

项目教学模式是高职学生接触社会、接触职业实际，发挥学习主体性、主动性，获得知识技术、培养和发展能力，形成职业素质的最重要的教学模式，既适用于项目课程，也适用于很多其他课程。

项目教学模式要求教师接触社会职业，广泛收集有关信息，精选教学项目，在与学生共同讨论基础上，确定项目教学目标和具体任务，再由学生根据已掌握的知识和技能，独立自主地或在教师帮助下，实施和完成项目。完成的项目要接受教师乃至职业专家的真实性评估。

项目教学模式对于激发高职学生的自信心、创意创造意识，及早接触职业实践、形成职业能力、态度和素质都具有积极的、良好的效果。

（七）现场教学模式

现场教学模式是在真实情境（工厂、企业、职场；高职院校实训中心、基地、教学工厂），按教学目标、内容和任务，通过师生互动、边讲边看、边讲边练，以及讲、看、练有序结合的教学方法。

学校实训中心或基地、教学工厂，可以模拟实际职业岗位，创造真实工作场景，创造出实际职业不具备的优势，如可以不影响正常的工作和生活秩序；可以方便地展示设备的内部结构和复杂的工序动作，有利于高职学生了解其结构原理、动作原理和工作程序；可以人为地设计一些常见的故障，供高职学生分析、判断和排除，实实在在地掌握真正的技术知识和技能。

现场教学模式的优点在于：通过视听渠道直接收集工作任务和工作过程的信息（技术知识、技能、技巧等），一目了然，便于在头脑形成表象，进而经头脑加工即类比或联想，内化为新的知识存入大脑中；讲练结合，使高职学生亲身感受和体验，取得直接经验的知识；高职学生通过真实或仿真的环境，尽早地接触到"岗位"，培养职业感情、品质和能力，逐步进入职业"角色"；而且还可以提高高职学生亲自发现、分析和解决问题的能力。

现场教学对教师要求很高，要做好现场调研、确定现场教学的内容项目，动员学生做好精神和物质等多方面准备，到现场后要做好讲解与示范，学生开始练习或实训后，要做好巡视与指导，积极督促强化训练，结束后要针对现场教学的收获和问题，做出针对性的点评，布置学生做好实训、实练报告并布置好后续的学习任务。

（八）插播教学模式

插播教学模式是在讲授过程中，适时穿插播放电教教材（电视短片等，短则几分钟，长至十几分钟）或视频的一种教学模式。具体实施步骤如下。

第一，在教室内配备放像机或闭路电视遥控操作装置或简易传话装置，最好是配备教师直接操作录像机的装置。

第二，教师针对重点或难点（尤其是那些难以用语言或其他媒体表达的内容），选择或制作插播型电视教材（插播短片）。

第三，设计好教学方案和程序，确定插播片的插播时机、方式和时间。可以采用先讲后播、先播后讲、边讲边播等形式。讲播结合、相互补充和促进。

第四，插播电视教材应与文字教材配套，内容精练、时间短；且要有明确的目的，不随意凑合。

插播教学模式有以下三个特点。

第一，可以优化教学过程。插播电视短片可为课堂教学提供丰富的感性材料，有利于突出重点、攻克难点，使传统教学与电化教学融为一体，取长补短，相辅相成，显著优化课堂教学过程。

第二，该模式机动灵活，播讲穿插形式多样。既能发挥教师主导作用，又能显示电化教学动态直观和高效率的优势，增加教学的生动性、直观性、趣味性和灵活性，还可方便师生双向交流。

第三，方便实用，效益显著。插播片短小精悍，内容精练，有的放矢，重点、难点突出，方便课堂教学，且制作简便、经济实用。

（九）程序片教学模式

程序片教学模式是将某一课程中适合程序教学的内容，按照易于接受的次序制成电视教材，配合课堂教学播放，使学生的学习按一定的程序规范化开展。实际上，程序片教学是系列化、程式化和多样化的插播教学法，也可以说是程序教学模式的一种具体应用形式。具体实施步骤如下。

1. 程序片的设计与制作

选题要精心，宜选取形象性、动作性或动态性鲜明的内容，它应是教学内容的重点或难点；程序片的片集，宜一片一题，重点突出，既可用于单独地辅助课堂教学，也可组合成完整的内容体系，做到一片多用。例如用于系统复习；还可以进一步编制成多媒体 CAI 程序教学软件，用于智能程序教学。

在程序片设计思路上，要体现分析、解决问题的过程。对于科学结构不要和盘托出，应给学生留有独立思考的余地。在制作技巧上，节奏要舒缓，尽量采用形象或模拟手法，衔接力求通畅，音乐要慎用。

2. 精心设计教学程序

具体的教学程序，因学科不同而不同。但应将教学内容按"小步子"原则，逐步向学生清晰地展示，并提出问题，或让学生主动地寻求答案，或教师通过媒体给出解答。也就是说，要制作足够的程序化教材，强化学生自学；设计出适宜的问题，使学生做出积极的反应，并以鼓励、强化等方式，让学生获得学习成果的即时反馈，树立自信心和成就感。

程序片教学模式的主要优点：一是按"小步子"原则，编制程序化教学方案，使各教学环节环环相扣、循序渐进。二是按及时反馈的原则，编制恰当的练习，可使学生的学习得到确认、强化和反馈。三是需要配套足够量的系列化电视教材或其他电教教材，以实现课程教学的整体优化。

（十）视听强化教学模式

视听强化教学模式是根据强化理论，充分发挥电化教学声、光、形、色、动等对视觉和听觉器官的直接作用，从而产生强化效果的一种新型教学方法。该法的实施步骤如下。

1. 要设计强化教学程序

一般教学程序是刺激—反应强化所构成的序列，即应用电教媒体色彩的变化、画面的显示、镜头的快慢、转换、停格、特写、特技、字幕等手法，促成学习过程刺激与反应的连接和知识的内化。如在外语语言教学中，先提供示范发音和必要的讲解，接着让学生模仿发音，紧接着进行视听强化，即应用电视教材，显示发音时口舌的变化方位、力度、持续、停顿、气流、运动等视觉形象及示范发音，从而达到形成视觉表象与发音动作协同一致的强化效果，并可根据模仿发音情况，纠错矫正，进行再次强化。

2. 要适当选择强化时机

一般宜选择紧跟在那些要加以巩固的反应以后立即予以强化，并在 2~3 天内再次强化，巩固强化效果。

3. 强化物通常是操作条件反应后得到的"报酬"或"目标物"

在教学过程中要设置一系列的强化物，利用多种强化方式和手段，对每一个小的教学步骤或单元进行有效的正向强化（积极反应的强化）。如让学生明确每一学习步骤的具体目标和意义，它可以引起学生的积极反应、兴趣及满足感，如教师善意的微笑、表扬或奖励；电视教材的特写、醒目的字幕、学习难点的重复、重播。

4. 要准确设计强化的方式与频度

对于高职学生，应设计适应其心理特点的具体方式，并以激励成就感为主。按时间序列，一般可分为固定间隔强化和可变间隔强化两种方式。固定间隔强化是每隔若干时间后，接着进行一次强化；可变间隔强化的间隔时间则是随机变化的，有时可连续给予强化，有时则隔较长时间才给予强化。一般来说，可变间隔强化的反应比率比固定间隔要高一些。

视听强化教学法的主要特点是充分利用视听媒体的再现性、模拟性去实现重复学习和多次强化的目的，并结合运用言语强化、内部强化等多种方式，可产生强有力的学习激励作用，具有正向激励、行为矫正、行为塑造等特殊作用。这一教学法尤其适宜需要反复训练和识记的课程，如外语、体育、舞蹈及形体课程等。

四、教学模式的选择策略

每种教学模式都建立在高职的教育理念、理论、观念和逻辑结构的基础上，都有其特点或适用范围，以及基本教学过程；也有其一定的局限性，并且没有普遍使用的教学模式。这样，就有一个选择的问题。有时，还可能采用两种或两种以上模式的问题，这就又有一个优选、优组的问题。因此，在优选、优组教学模式时，要讲究策略。一般要考虑以下四个方面。

第一，所选择的教学模式，应当反映一定的教学理念、理论和教学观。

第二，所选择的教学模式，应当体现确定或强调的高职教学目标，具有可调控的教学策略和可操作的程序。

第三，所选择的教学模式，应当适合学生的学习水平和学习风格。

第四，所选择的教学模式，应当适合其使用范围，并能发挥其特点等。

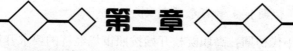

第二章 高职教育教学管理内容

第一节　高职教育教学计划与运行管理

一、高职院校教学计划管理

（一）中国高职院校教学计划管理历程

专业人才培养方案是人才培养规格、目标及培养过程和方式的总体设计，不仅是保证学校教学质量最基本的教学文件，也是组织教学过程、安排教学任务的依据，是教学改革的核心和灵魂。

1. 计划经济时期指令性与实施性教学计划

20 世纪 80 年代前后，国家正处于计划经济时代的尾声，高职教育处于萌芽阶段。受计划经济的影响，高职院校不需要研究社会需求，不需要申请更多的新专业，也不需要研究不同人群、不同需要的教学计划。各学校、各类生源、各年龄层次的学生统一用一个教学计划。后来学校在"国家指令性教学计划"基础上，根据本校情况，修改并制订了本校的"实施性教学计划"，其实二者并无大的本质区别，仅仅是个别科目的课时有所变化。

在指令性计划经济时代，使用指令性教学计划是一种必然趋势，因为学校的一切活动都在计划经济框架下运作，招生、分配都是按计划有指标、有定向。当然，教学过程也是按照制订好的"国家指令性"教学计划运行。在教师们看来，教学计划由国家制订，教师的职责是执行。当时，按"老三段"式——文化课、专业基础课、专业课，及技术员的培养目标建构课程体系和课程结构。课程特点是强调学科性、系统性，轻实践而重理论。

2. 市场经济初期自主制订教学计划

20 世纪 90 年代初期，高职院校开始按照市场经济的要求开设新专业。最初，由于经济市场化，许多高职院校开办了财会、市场营销、企业管理等经济和管理类专业；随着计算机信息时代的到来，许多高职院校开办了计算机应用、网络、软件、电子技术应用等专业；继而以数控加工技术为基础的现代制造业迅速发展，许多高职院校又开办了机电一体化技术、数控加工技术、模具加工技术等专业。20 世纪 90 年代中期，教育教学改革的思想在职业教育界广泛传播。在教学计划的制订中人们开始借鉴"以能力为本位"的思想，开发和调整教学计划。从职业岗位能力分析入手，设置各专业的能力模块，由职业能力模块确定所需要的知识和素质，由知识整合形成课程。

3. "以就业为导向，以服务为宗旨"的教学计划

20 世纪末到 21 世纪初，中国原来的许多中等专业学校纷纷改制升级为高职学院，高职院校如雨后春笋般涌现出来。随着教育改革的逐步深化，高职院校必须适应社会，服务于社会，把握社会发展的脉搏，才能自我发展、自我强大。教学改革已经在教职员工（特别是广大教师）中形成了深刻的思想基础和广泛群众基础，教学计划的制订进入全方位的改革阶段。

首先，在专业设置和开发方面，各高职院校从社会需求入手，经过对行业企业等用人单位的调查及社会、政治、经济、历史背景分析，设置新专业或调整老专业，以职业岗位或岗位群为依据设置专业及专业方向。

其次，在专业教学计划开发方面，各高职院校的专业教学计划中的课程设置主要从以下角度考虑：一是从职业能力分析入手，分析职业岗位所需的各种知识、能力、素质并确定所需的各门课程；二是根据职业技能（资格）等级证书需要设置各种课程；三是根据学生自身发展需要，如获取信息、运用信息、参与社会活动、组织管理、自我发展、就业创业等需要设置课程。

再次，在教学计划的实施方面，许多高职院校的教学计划具有良好的操作性。新教学计划在教学大纲制定、教材编写、师资培养、学生学习指导、实训基地建设、教学方法、考核方法等环节尽量得到落实。新教学计划最重要的配套文件是教学大纲，要求每门课必须围绕课程在培养目标中的作用编写教学大纲，并

按照大纲落实教材。实践教学已成为教学计划最重要的组成部分，由认识实习、生产实习、综合实训、考证培训等形成完整的体系。按照实践教学的需要开展实习实训基地建设等各项工作。

最后，在建立教学计划的评价指标体系方面，为促进高质量教学计划的形成，许多高职院校初步形成了一个对教学计划制订和执行进行全过程、全方位评价考核的指标体系，有效地促进了高质量、符合教学改革要求的教学计划的形成。

（二）高职院校教学计划制订原则

高职院校制订科学合理的教学计划，必须遵循以下五项原则：

一是科学性原则。高职院校的教学计划，要具有科学性，既要考虑到专业实际情况，又要符合教育规律。一般的高职院校专业，每周应安排 22 课时左右，公共基础课、专业基础课、专业（技能）课的比例安排要科学合理。

二是计划性原则。高职院校制订教学计划一定要考虑各种因素的影响，经过研究论证后确定教学计划，要坚持计划的严肃性。计划一旦确定，就要严格执行，而且还要保持计划的灵活性。确定的教学计划应有一定的弹性，以便适应可能出现的各种情况变化的要求。

三是相对稳定原则。高职院校教学计划确定之后，应稳定一个时期，不能总处于变动状态，特别是人文社科类专业的教学计划，要在逐步完善的基础上，根据社会经济发展的需要，保持一定时期的稳定，否则就会使教学计划执行起来很困难，令师生无所适从。

四是实践性原则。高职院校在制订教学计划时应把实践性教学放在十分突出的位置，计划中的实践课与理论课的比例要达到 1：1，特别要突出加强基本技能的训练和注重动手能力的培养。

五是监督性原则。教学计划制订和实施以后，就必须加强监督，要求教师的教学活动严格按教学计划执行。学校教学管理部门应该经常对任课教师的教学计划进行检查和监督。

（三）高职院校教学计划制订要求

高职院校制订的教学计划必须符合以下三个要求：

1. 培养目标具体明确

高职院校在教学计划中，对学生的德、智、体、美、劳方面要有比较明确的要求。此外，高职院校在制订教学计划时，还要明确人才的培养规格，即学生所具备的知识、能力和素质结构。

2. 课程设置科学合理

高职院校的课程设置和总体结构必须考虑高职院校的教学特点和人才培养目标与培养规格。制订教学计划要考虑到教学内容的实用性和应用性，还要注意知识的实际运用，包括运用的条件、方法、手段、效果、检查和评定等，主要精力不应放在理论分析和探讨上，教学内容要有较强的针对性。高职院校在制订教学计划时，课程的设置和结构应考虑以下五点：一是加强专业基础课的比重和教学工作，为学生的专业学习打下坚实的基础；二是专业课的设置应本着"少而精"的原则，突出基础知识和基本技能的教学内容；三是教学计划中课程的衔接问题，课程开设顺序必须根据知识的内在联系，按循序渐进的原则安排。同时，各门课程又有一定的横向联系，教学进程的时间也要科学，以便各门课程在互相衔接的基础上能够既有先后，又有交叉，前者为后者打好基础，后者通过运用、巩固得以加深前者，理论教学与实践教学也要衔接和同步；四是教学计划中各门课程的课时分配。要根据各课程的目的、任务、性质和特点及在专业中课程的地位、作用来确定，分配时间要保证重点课，照顾一般课，不能平均分配，从教学实践的效果出发，合理调整各课程的时数，要辩证地处理好拓宽知识面和保证主干专业课的关系，加强课程开发与课程的整合；五是增加选修课的比重。按照高职教育的特点，高职院校不应追求专业的理论体系大而全，而应将教学的重点放在职业技术层面上。为适应知识更新速度加快和学生将来就业面广的要求，在制订教学计划时增加选修课的比重，开展知识讲座，重视实践体验，以增强学生的适应性。

3. 重视实践教学环节

高职教育的特色与生命就是要突出实践性教学的核心地位，与社会生产实际密切联系，实践教学在教学计划中的课时应占到50%以上。实践形式可以按专业不同进行安排，包括认识实习、课程实训、顶岗实习、毕业实习、综合实训、毕业设计、社会调查和劳动实践。高职院校的实践教学应注意以下三点：

（1）理论教学实训化

高职教育不仅要使学生掌握生产的一般原理和程序，而且必须训练出精良的技艺。课堂传授理论知识应以浅显、够用为限，重点要强化实训过程，按课程方式组织实训教学。高职院校实训教学的学分应单记，以突出实训课程的重要性。

（2）实训方式多样化

高职院校既要有校内教室、演示性实验室、验证性实验室，也要有校外的实习实训基地进行工艺性、设计性、可操作性实训，还要有实际生产一线的顶岗实习，以使高职学生在多种形式和真实职业环境下获得最优化的教学效果。

（3）教学手段现代化

高职院校要加强课程教学的软、硬件建设，提高教学仪器设备的现代科技含量，引进多媒体网络教学。注意实训技术的先进性，面向区域经济社会发展，依托行业实践开办"模拟公司"和建立模拟实验室，通过校企项目合作办学，创立教学生产模式、科研生产模式、教学科研模式，不断深化教学改革，办出特色专业。

二、高职院校教学运行管理

教学运行管理是高职院校组织实施教学管理计划中最核心、最重要的部分，其包括两个重点：一是课堂教学（含实习实训）的管理，要发挥教师的主导作用和学生的主体作用，贯彻教学相长的原则；二是以教学管理职能部门为主体的教学行政管理，应制定教学工作制度的规程，对课堂教学、实习实训、课程设计、毕业设计（论文）等教学环节提出要求并认真组织实施。

教学运行管理包括课程教学大纲的制定、课堂教学环节的组织管理、实践性教学环节的组织管理、学籍管理、教师工作管理、教学设施管理和教学档案管理。

（一）课程教学大纲的制定

教学大纲是落实培养目标和教学计划最基本的教学文件，是教学的依据，因此列入教学计划的每门课程都必须制定教学大纲。

1. 教学大纲制定的内容与要求

教学大纲要准确地贯彻教学计划所体现的教育思想和培养目标，服从课程结构与教学计划的整体要求。相同课程在不同专业的教学计划中要按各自课程结构的要求有所区别；新开发的课程，原则上要先制定教学大纲，而后编写讲义或确定教材；教学大纲要体现改革精神，不能服从于某本教材或某一时期的特定体例。教学大纲的内容应包括本课程的教学目标、教学内容和基本要求、实践性教学环节要求、学生学习要求及必要说明等部分。

2. 教学大纲的制定方法与建议

各高职院校应该参照教育部提出的课程教学的基本要求，提出学校制定（修订）教学大纲的原则性意见，再组织教师进行具体课程教学大纲的编写工作，经教研室讨论、修改，院校相继认定、批准后施行。教师在教学过程中应根据教学大纲的要求，结合科学的研究与发展，创造性地执行教学大纲并及时反馈意见，及时修改和调整教学大纲。

高职教育以培养高素质技术技能人才为目标，开设的课程以"应用"为主旨和特征进行构建，公共基础课应根据专业的需要以"必需、够用"为度，要强化专业训练，注重专业（技能）课的针对性和实用性。基于此，高职教育的教学大纲应不同于普通高等教育，应突出体现对学生技术应用能力的培养。高职教育的教学大纲没有固定的编写模式，可以根据专业的培养方案，选择确定相对合适的大纲编写模式，使之更好地体现对学生技术应用能力的培养。

教学大纲主要包括课程性质与任务、课程基本要求、课程内容、本课程与其他课程关系、教学时数分配、教材及参考书等方面的内容。以能力培养为中心目标，在教学内容的安排方面，以"必需、够用"为前提，对理论知识进行精化，教学学时分配上保证了实践性教学。实践性教学一般包含在理论教学大纲中，因此，建议在教学大纲中对实习实训的类型、目的、内容、主要设施设备等内容进一步规范。另外，教学大纲制定完毕，经批准实施后，还要采取适当措施保证教师根据教学大纲的要求进行教学并及时反馈意见，及时修改、调整教学大纲内容。

（二）课堂教学环节的组织管理

按照培养计划，高职教育的教学可以分为理论教学与实践教学两大类。其中，理论教学以传授文化与专业理论知识为主，一般通过课堂教学的形式来完成；而课堂教学的组织与管理是教学管理工作最基本的管理活动。

1. 课堂教学环节组织管理的内容与要求

课堂教学环节的组织管理要认真选聘有相应专业水平、有责任心、有教学经验的教师任课，非师范院校毕业的教师要补好教育基本理论课，教师开设新课程要有严格的岗前培训制度并要求课前试讲。组织任课教师认真研究和讨论教学大纲，组织编写或选用与教学大纲相适应的教材或教学参考资料，依据教学大纲编写学期授课计划、教学进程表与教案。另外，还要有组织地进行教学方法研究，对积极钻研、创造新的教学方法并且在培养学生良好学风、提高自学能力和创新能力方面做出贡献的教师，要给予奖励。积极推广计算机辅助教学、多媒体教学及虚拟技术等现代信息技术，扩大课堂教学的信息量，提高课堂效率。

2. 课堂教学环节组织管理的方法与建议

（1）按照培养计划的要求制定各学期的教学进程表和各专业学期课程安排表

教务处下达各系部，由二级学院及教研室确定任课教师，填写教学任务书，在教学任务分配这一环节上，可以通过引入竞争机制，充分调动教师的积极性，提高教学质量，同时也要注意统筹安排、科学规划，优化分配教学任务，提高整体教学水平。

（2）教师依照教务处提供的课程表确定授课计划进行授课

授课计划是根据课程教学大纲并结合课程计划学时及学期周学时，对课程授课内容的进程及学时分配进行规划的一种教学安排文件，是保证课程教学正常运行的重要依据。一般要求在每学期开学前，教师就必须将课程授课计划写好，一式四份。其中，教师自持一份，一份交给所在二级学院存档，一份交给教务处存档，一份交给任教班级。

（3）二级学院（教学部）负责教学过程管理，组织开展教研活动和教学检查在执行过程中，各二级学院（教学部）负责本部门教学过程中备课、授课、批改作业、课堂教学、答疑等环节的管理，开展教研活动，配合学校做好各项教学检查工作。应通过抽查学生作业、分析试卷成绩、听课、召开座谈会等方式，对各教学环节质量进行经常性检查，提出改进方案并组织实施。教务处组织期初、期中、期末教学检查工作，提出教学检查工作的指导性意见，协调与改进教学中出现的问题，写出教学检查总结并上报学校。另外，教务处还负责经常性的日常教学检查，收集教学信息，汇总、整理、分析各类教学管理统计数据，编写教学动态，对教学中发生的事故，应认真核实，并提出书面处理意见上报主管领导。

（4）考核和评定学生成绩并根据学生考核成绩进行情况分析

课堂教学的最终效果需要通过课程考核来衡量，课程考核可以采取多种模式。为保证考试结果的真实性、权威性，必须制定严格的考试制度，严肃考场纪律，精心布置考试工作。

（三）实践性教学环节的组织管理

实践教学的组织与管理是教学管理工作中最基本的管理活动，其内容主要包括以下六方面：

1. 实践教学内容的组织与管理

实践教学内容必须严格按照专业教学计划及教学大纲对实践环节的要求进行教学。对于独立设课的实践课程应配有相应的教学大纲，要加强实践教学内容的改革力度，增加综合性、设计性和应用性实践项目，加强现场模拟教学的设计和组织，训练学生的基本技能和应用能力。

2. 实践教学过程管理

主要包括实践项目准备情况、师生到场情况、实践教学项目实施过程情况、实践教学结果情况、实习实训报告、设施设备使用情况、实践教学纪律等方面的管理内容。

3. 建立严格的实践教学考核制度

规范实践教学的考核管理，规范实践教学的考核办法，以保证实践教学质量。

4. 实训的组织管理

实训是按照人才培养的规格要求对学生进行的职业技术应用能力训练的教学活动。高职教育的目标是培养工作在生产、管理、技术、服务第一线的应用性人才，以实训的形式进行实践性教学活动，对培养、提高学生的职业技术能力，有着不可替代的作用，因此，实训是高职教育最为重要的办学特色。

应根据专业培养计划和学期教学运行表来确定实训任务，制定实训大纲，落实实训经费和实训安排，确保学生正常实训并在实训后期按照要求进行理论和实践操作的考核，最后再评定成绩。实训结束后，应进行总结并鼓励学生参加国家职业技能鉴定，获得相应证书。

5. 实习的组织管理

实习应安排在企业工作现场，是结合专业课程教学的实践教学形式。学生通过实习得到实际工作锻炼、学习生产技术或其他专业技术，巩固专业知识，提高专业能力。

学校应根据培养计划，确定学期的实习任务来制定实习大纲，加强同企业的合作，让学生到企业去利用企业工作现场并结合最新的生产技术，在岗位上对学生进行实际训练。在企业工作现场实习，有利于提高学生的职业素质。高职教育所培养的能力不应仅是某项或几项具体的"技能"，而应该是知识、技能和态度等素质要素的整合。企业实习不仅要培养学生的专业技能，也要培养学生的社会责任心、职业道德、诚信品质和团队精神。学校应明确相关职能部门负责学生的校外实习工作并进行必要的检查，及时发现问题解决问题，保证学生校外实习正常进行。实习结束后，应由实习指导教师和实习单位对实习学生进行考核。指导学生校外实习是高职教师工作的重要组成部分，是教师更新自身实践知识和提高实践能力的重要途径，学校应加强对校外实习指导教师的管理并采取激励措施鼓励教师积极承担校外实习指导工作。

6. 毕业设计（论文）的组织管理

毕业设计是学生学完教学计划所有课程后，在教师指导下，综合运用几年来所学的知识和技能，独立完成的总结性作业。培养计划的最后一个阶段应该安排落实毕业设计，下达毕业设计（论文）任务书。学校应该根据培养目标和培养计划制定较为详细的关于毕业设计（论文）的原则性意见，做好毕业设计前期的学生动员工作和中期检查工作，了解情况并帮助学生解决问题，最后在毕业答辩的基础上进行成绩考核。

（四）学籍管理

学籍管理是教学管理的重要环节，是保证人才培养质量的重要手段。

1. 学籍管理的内容与要求

学籍管理的基本内容包括对学生的入学资格、在校学习情况及毕业资格的检查、考核与管理。学校应结合教育主管部门文件制定本校的学籍管理办法并建立学籍档案，在日常学籍管理中应管好成绩记录卡和学籍卡，做到完整、准确、规范、及时。

2. 学籍管理的方式及建议

学籍管理方式应该有利于提高教育质量和效益，要在管理过程中和管理手段上与教育紧密结合起来，加大对学生激励的力度。加强学籍管理制度的贯彻和解释，让师生充分理解学籍管理各项规定的内容，以发挥学籍管理的教育职能，确保学籍管理工作顺利进行。

学生注册是学籍管理最基本的手段之一。学籍管理要维护学生注册制度的严肃性，建立严格的学期注册制度并在此基础上，探索学年制、学分制的改革。学分制以学分作为学生学习的计量单位，以取得必要的最低学分为毕业标准；从学籍管理的角度来看，学分制更为科学、合理、灵活；学分制的核心是选课制，因此，学分制的学籍管理制度要为学生选课提供适应的环境和体制保证，让学生拥有选择时间和空间的余地，使学生自主安排学习进度，选择适合自己的课程。在课程考核成绩方面，学分制学籍管理采用学分绩点制，规定课程的学时、考核、成绩与学分绩点的对应关系，明确学生每学期及在校期间必须达到的平均成绩点数，并与学生评优、毕业相联系。

学籍管理应利用先进高效的计算机信息管理方式，建立一套完整的学生学籍信息资料档案，从而可以便捷地统计、查询、检索学生各类学籍信息，及时了解学生的学习状况，进行适时调控。管理信息化是学校上水平、上层次的重要标志。

（五）教学设施设备管理

教学设施设备管理为教学运行提供物质保障，是保证学校具有良好教学环境的基本管理工作。

1. 教学设施设备管理的内容与要求

教学设施设备管理包括搞好教室、实验实训室、实训基地等教学设施的合理配置与规划建设并充分加以利用；制定必要的规章制度，保证教学需要，提高资源的使用效益。注意，应根据需要与可能，改进教室的功能，建设必要的多功能教室。

2. 教学设施设备管理的方法和建议

教学设施设备管理要做好院校之间的责任划分，对教学设施设备进行定期检查，对购置投资较多的教学设施设备应纳入学校的长期规划，日常消耗或投资较少的教学设施设备购置可纳入全年教育经费计划，逐年充实、淘汰。另外，还要建立器材建账、移交、报修、清点、报废等制度，指派专人妥善管理。

学分制、选课制的改革对教学设施设备管理提出了更高的要求，需要丰富的教学资源和灵活、便捷、高效的管理方式，学校要逐步把先进、实用的信息化管理手段纳入教学设施设备的管理中。

教室管理是一项需要很多部门协同负责的工作，应制定相应管理办法合理明确规定教务、后勤、教育信息技术等相关部门在教室管理中的责任，即教务处负责统一调配，后勤部门负责教室的日常维护、清洁、设备维修与管理，教育信息技术部门负责教室的多媒体设备（含软件系统）及扩音设备的日常管理及维护。教室管理需要优先保证教学计划中的教学安排和本校学生的自习。此外，有偿借用和无偿借用教室也是制定教室管理制度时需要考虑的问题，同时，作为教室使用者的教师和学生的行为也要有相应的规范。教室管理只是教学设施设备管理的一部分，教学设施设备管理还包括实验实训室、实训基地等的管理。

（六）教学档案管理

教学档案是指学校在教学管理和教学实践活动中直接形成的具有保存价值的

文字、图表、声像等不同载体的文件材料。教学档案管理不仅是教学管理的重要方面，而且也是衡量高职院校教育管理水平和教育质量的重要标志之一。

1. 教学档案管理的内容与要求

各级教学管理部门都要建立教学档案。教学档案管理内容包括：上级教育主管部门及学校下达的政策性、指导性文件及有关规定；教学基本建设的各种规划和计划；自编教材、教学参考资料，实训实习指导书、习题集、试题库（试卷库）、试卷分析及各种声像资料等；学期教学工作计划、教学工作进程表、教学计划、教学大纲、学期授课计划、课程教学总结、实习总结等；课程设计任务书、毕业设计（论文）任务书、优秀毕业设计（论文）；学生学业成绩、学籍变动情况、整理分析的学生座谈会记录、毕业生质量跟踪调查、毕业资格审核等材料；教学改革进展情况，教学研究计划、总结，典型经验材料和教学研究刊物；教师业务档案、各种奖励及成果；教师评教材料、督导团活动材料、教学工作会议纪要等；其他有必要建档的教学文件和资料。教学档案实行分级管理，编目造册，建立教学档案查阅制度，充分发挥教学档案的作用。教学档案管理应充分使用现代化管理手段。

2. 教学档案管理的方法与建议

教学档案管理要建立相应的规章制度。各高职院校应该在学习《中华人民共和国档案法》《普通高等学校档案管理办法》《高等学校档案实体分类法》《高等学校档案工作规范》等法规政策的基础上，建立适用于本校的具体档案管理规章制度，使档案管理能够做到按章办事、按规操作。

教学档案管理应实行"三纳入、四同步"：纳入教学计划规划、纳入教学管理制度、纳入各级管理人员的岗位责任；下达教学任务与提出教学文件材料的归档要求同步，检查教学工作与检查教学文件材料形成积累情况同步，评审鉴定教学质量、教材、毕业论文、优秀教学成果与审查验收档案材料同步，毕业分配、上报评审材料、教师考核晋升与档案部门出具归档证明同步。

教学档案管理要建立教学档案机构，建立专、兼职人员相结合的档案管理队伍，明确各级各类机构、人员的职责，指定专人负责档案的收集、整理、立卷、归档工作，按照集中统一管理的原则，把分散的教学文件材料集中起来，进行统一管理。档案管理人员要结合本校的实际情况，编制好各类检索工具，以方便教学档案的使用。

另外，还要加强教学档案的信息化管理，利用计算机系统开展教学档案的查询检索，辅助立卷、编制目录、数据统计、学籍档案管理等各项业务工作。

第二节　高职教育专业和课程建设与管理

一、高职院校专业建设与管理

（一）高职院校专业体系特征

高职教育是一种类型教育，培养的是高素质技术技能人才，因此，高职教育既不同于普通高等教育，也有别于中职教育，具有"高等性"和"职业性"的双重属性，这就决定了高职院校的专业具有独特的体系特征。

1. 职业性特征

职业性特征是高职院校专业与普通高等学校专业体系的根本区别。对普通高等学校而言，专业是为学科承担人才培养的职能而设置的并以学科发展为导向来设立发展的，因此专业体系具有鲜明的学科性特征。对高职院校来说，专业则是培养高素质技术技能人才和组织教学的载体，而且以市场需求为导向来开发并调整专业，因此，高职院校的专业设置与普通高等学校有着根本的不同，是面向不同的职业分工来设置的，这就决定了专业体系具有明显的职业性特征。

2. 高技术性特征

高技术性特征是高职院校与中职学校专业体系的根本区别，是高职教育"高等性"的重要标志。与中职学校培养的传统技能人才相比，高技术性人才除具有起点高、规格高及较高的文化知识素质外，其"高等性"还体现在以下三个方面：专业理论和技术原理知识深厚，对前沿性技术了解和掌握程度较高，专业复合性更强。这是由高技术人才岗位工作要求决定的。例如，CAD/CAM 在制造业中的推广，就要求高技术工人具备深厚的专业理论知识，掌握现代的高新技术，既要会机加工技术，又要会计算机辅助设计和制造技术。高职院校应该充分注意这种"高技术性"特征，否则高职教育就会"种别人的田，荒自己的地"，不仅对中职教育形成挤压，而且无法实现自身的价值目标。

3. 综合性特征

综合性特征是由社会职业的纷繁复杂性决定的。高职院校的专业是根据人才市场对从事各种社会职业技术技能人才的需要而设置的。尽管它不可能与社会职业完全对应，但与社会职业存在千丝万缕的联系。因此，高职院校既有文科类专业，又有工科类专业，还有医卫、农林类专业，专业体系的构成具有很强的综合性。不仅如此，随着社会对新技术人才素质要求的不断提高，他们所从事专业相关知识的综合性也越来越强。例如，由于社会要求护士从单纯的疾病护理者和生活照顾者扩展为健康教育者、健康保健和心理卫生提供者，因此，护理专业改变了原来只属于自然科学领域或生物医学领域的性质，从传统的附属于医疗工作的一门职业技术演变为融自然科学和社会人文科学知识为一体的综合性应用专业。因此，只有具备了综合性，高职院校的专业体系才能真正培养出适应社会职业要求的新技术人才。

4. 灵活性特征

灵活性特征是由社会职业变动不居的特点决定的。随着传统产业的升级和高新科技转化为新的产业，社会职业也发生着相应变化。旧的职业不断被淘汰，新的职业不断涌现，职业体系越来越呈现出动态性特征。这就决定了高职院校的专业体系必须具有灵活性特征，以利于适应社会职业变动不居的局面。灵活性特征包含三层意思：一是应根据经济发展和职业岗位变化，及时开发"适销对路"的专业，而不能像普通高等学校那样固守既定的专业目录；二是要通过拓宽专业口径增强社会适应性，并以宽口径专业为平台设置灵活的专业方向，以满足不同时期、不同部门的不同需求；三是推迟学生的专业定向，让学生在选择专业之前有更多机会发现社会的真正所需和自己的兴趣与潜能之所在。这也是当前各国高等教育发展中一个较为流行的趋势。

（二）高职院校专业开发原则

高职院校的专业开发在考虑市场需求的同时，必须遵循教育规律，力求实现教育规律与市场需求的有机统一。根据专业体系的特征要求，高职院校在构建专业开发的过程中必须遵循如下原则：

1. 社会需求与质量保证有机统一的原则

社会需求与质量保证有机统一的原则是高职院校专业开发的根本宗旨和总原则。一方面，要求人们不仅具有对社会发展动态的敏锐洞察力，按照核心产业—相关产业—附加产业的"产业链"思想，形成主干专业和相关专业互为联系的专业群，而且还具有对经济、科技、文化发展变化的快速应对力，及时调整专业结构，保证专业体系的时代气息；另一方面，要求人们从国家经济运行质量和新技术人才规格的高度认真对待专业开发工作，从教学设备、实训基地、教师队伍诸方面确保专业体系正常运行的基本条件，以保证人才培养的规格和质量水平符合要求。

2. 整体稳定与局部微调有机统一的原则

专业开发除了考虑社会需求外，还应考虑教育效益。提高教育效益的途径主要有两条：提高资源使用效率和确保教学稳定性。为此，一是尽量开发相近专业，并在已有专业的基础上繁衍新专业，形成新的专业生长点，以实现专业之间在资源上的共享共用，发挥学校教育资源的最大效用；二是尽量开发具有长远发展前景的"长线专业"。这不仅是确保教学稳定的需要，而且也是不断积累经验，提高专业建设水平、建设特色专业、打造专业品牌的必然要求。考虑到专业体系应具有对不断变化的情况随时做出反应的机制，专业开发还应适时淘汰或开发一些短线专业。专业体系应坚持以长为主、长短结合的原则，在保证整体稳定的前提下，及时进行局部微调。

3. 应对变化与针对岗位有机统一的原则

在科学技术迅猛发展的今天，职业岗位体系正在演变为一个动态系统，高职院校应通过拓宽专业口径来应对职业岗位的快速变化。鉴于不同地区经济社会发展的不平衡性、不同部门对人才培养要求的特殊性，应考虑以宽口径专业为平台设置有针对性的专业方向。例如，根据需要，电气自动化专业既可设定工作现场的电气运行、电气检测维护、生产质量监控等专业方向，也可设电气技术服务、电气设备销售等专业方向；而对那些社会需求变动较大的专业而言，则应采用"大专业加高年级定向培养"的方式来设置，以实现变化适应性与岗位针对性的有机统一。

（三）高职院校的专业选择

专业选择是一项系统工程；专业发展是一个循序渐进的过程。它不仅需要系统内部各要素之间的协调发展，而且需要系统外部条件的保障。因此，高职院校必须首先抓好专业规划，科学地确定专业建设的指导思想、近期目标和中远期目标，提出切实可行的建设举措。高职院校专业管理的关键是专业选择，专业选择既要考虑社会需求，又要考虑学校实际；既要考虑短期效率，又要考虑长远利益；既要考虑超前性，又要考虑可行性。因此，专业选择具有很强的策略性，"分类选择"应作为高职院校专业选择的基本策略。

所谓"分类选择"策略，是指根据市场调查情况和学校的实际将专业分为四类，对不同专业采取不同的选择策略。

第一类是具有高市场增长率和低相对市场占有率的专业。"高市场增长率"是指市场需求量大，"低相对市场占有率"是指学校这类专业开办得较少或规模较小。这类专业大都属于新兴专业。第二类是具有高市场增长率和高相对市场占有率的专业。一方面，这类专业市场需求量大；另一方面，学校开办得较多或规模较大，因此，大都比较成熟。第三类是低市场增长率和高相对市场占有率的专业。这类专业尽管市场需求量并不大，但学校占据着较高的市场份额。第四类是低市场增长率和低相对市场占有率的专业。需要指出的是，同一个专业对不同地区的不同学校可能归为不同类别；相反，不同专业对不同地区的不同学校也可能归为同一类别。

对高职院校来说，上述四类专业具有不同的发展前景和潜力，因此，必须采用不同的选择策略。第一类专业对一所学校来说大都属于新兴专业，开办此类专业有一定风险或难度，但考虑到这类专业的市场需求量较大，高职院校应每年选择少量此类专业精心建设，以满足地方经济发展需要；第二类专业发展比较成熟，经济效益较佳，应作为学校专业体系的骨干部分，并在此基础上开发新的"适销对路"的专业方向；第三类专业是学校具有较长办学历史的优势专业，尽管市场需求量不大，但"人无我有"，可作为学校的特色专业精心打造；第四类专业无疑属于"夕阳专业"，不管以前如何辉煌都应作为淘汰的对象。当然，"分类选择"是一个动态过程，须根据情况的变化适时调整，但它作为一种基本策略，无疑值得人们研究和采用。

（四）高职院校的专业建设

加强专业建设是高职院校提高教育教学质量和办学效益的一项重要工作，不仅是抓内涵、抓质量、上台阶、上水平的突破点和着力点，而且也是做强做优的根本途径。专业建设应立足于生产、建设、管理、服务一线的目标，突出职业岗位需要，使教学能面向区域经济发展、产业结构调整、高科技发展需要，按行业和企业的要求培养人才，因此，专业建设中必须重视以下五个方面的工作。

1. 明确人才培养目标定位

高职院校的人才培养目标定位必须以"教育要面向现代化、面向世界、面向未来"的精神为指导思想，以建设创新型国家为主要宗旨，主动服务于行业企业建设、地方经济和区域发展；坚持科学定位，坚持以培养适应生产、建设、管理、服务第一线需要的高素质技术技能人才为目标，培养实践能力强，而且具有良好职业道德与职业素养的技术技能人才。人才培养目标的定位应突出高职院校的特色，围绕学校的发展规划，认真进行市场调查研究，以适应区域经济建设、社会发展、科技进步对人才需求的趋势，结合学校实际，发挥优势，准确定位。高职院校的专业建设必须始终以人才培养目标为核心，以符合人才培养目标的客观要求。

2. 加强高职课程体系建设

人才培养方案中的教学计划应明确具体的专业核心课程与专业核心能力，不仅要有独立的实践教学计划，而且还要考虑课程的结构、比例权重、内容衔接等方面的因素，力求做到理论教学与实践教学相统一、能力培养与知识传授相统一，构建"以职业为导向、以能力为本位、以学生为中心"的能力标准和课程体系。课程改革是专业建设和教学改革的核心，要以全面素质为基础、以综合能力为本位的教学指导思想来构建适应区域经济建设、科技进步、个性发展的具有高职教育特色的课程体系。课程体系的建立必须按照人才培养方案规定的要求进行，形成符合教育教学规律，结构科学严谨、理论与实践紧密结合的课程体系，同时，建立各类课程的课程标准。课程体系应紧扣职业标准中职业功能、工作内容（工作单元）技能要求及相关知识，坚持以职业资格标准为主线组建课程体系，以职业资格证书的应知应会的内容构建教学计划，在理论教学的课程中掌握应知的基础知识，在实践教学中学会应会的基本技能。课程体系的建立必须突出基础理论知识的应用和实践能力的培养，课程中的教学内容要突出基础理论知识的应用性，基础理论教学要以应用为目的、以必需和够用为尺度；专业课程的教学应强调实践能力的培养，要加强针对性和实用性，减少演示性和验证性实验，增加工艺性、设计性和综合性实验，形成能够培养学生的综合实践能力的实践教学体系。高职专业的课程开发与建设必须紧紧围绕人才培养方案，依据课程在专业人才培养中的功能与任务，安排相应的教学内容、规划科学的教学方案、制定合理的教学进程，形成完整的教学大纲。课程的教学大纲要包括本课程的教学目的、教学内容和基本要求、课时分配、教学建设和考核要求等方面内容。

3. 加强高职特色教材建设

高职专业的教材建设要有合理的规划，选用的教材要符合课程标准（教学大纲）的要求，要尽可能地反映先进技术发展水平，有鲜明的特色，同时，能够满足人才培养目标的要求；要注意优先选用国家规划教材、精品教材、新型活页式工作手册式教材；根据各专业的特点，抓好特色课程的校本教材建设，编写一批具有较高水平的自编教材或能够及时反映与实际生产情况同步的新技术、新工艺、新设备和新产品的教辅材料。尤其应注重开发以综合职业能力为主线，以系列项目教学为节点，将理论教学与实践教学融合一体，有利于职业能力培养的综合化、整合型高职特色教材。

高职教材的选用必须贯彻为专业服务的思想，体现理论之"必需、够用"，符合高等教育属性和能力本位的要求，要有与实践课时相对应的实践内容。除了文字类教材与教辅材料外，要重视适用于高职专业的其他类型的课程资源建设，如实物样品、多媒体课件等，尤其要重视网络课程等信息化课程资源建设，形成文字教材、电子教材、教学软件等，为师生提供可共享的教学资源，也为学生进行自主学习提供平台，使课程学习不受时间、空间的限制，适应多样化的教学需要。

4. 强化师资队伍建设

师资队伍是专业建设的人才保障。在专业建设的同时必须建设一支数量适中、结构合理的专业教师队伍，配备具有较强专业能力的专业带头人。专业教师不仅要熟悉本专业的人才培养目标和人才规格，而且还应对人才培养方案中的知识、能力、素质结构有充分的认识。专业教师原则上都应具有相关专业的实践经验。专业带头人应具有高级职称，熟知教育规律，同时，具有丰富的生产实践经验，掌握本专业的发展动态，能与相关的行业企业保持密切的联系。在师资队伍的建设中，要加强对教师的培训工作，针对以能力为核心的职业教育模式对教师开展有关教育思想、教育观念、专业知识和技能、教育技术与教学方法的培训工作，实现教师队伍由知识型向能力型转变、由封闭型向开放型转变、由单一型向综合型转变。师资队伍的建设特别要重视教师实践能力的培养工作，加强"双师型"教师队伍建设。要建立教师定期轮训制度，选派教师到生产一线进行实践锻炼，着重提高教师专业能力和实践教学能力。另外，还可以从相关行业企业聘请一些有着丰富实践经验的技术员、能工巧匠、劳动模范作为专业的兼职教师，参与专业建设与管理，增强专业建设的活力，又担任实践性教学的指导教师，增加"双师型"教师比例。走产学研、校企合作道路，进行师资队伍的建设。设法引入企业的技术开发、人才培训和技术服务项目，鼓励专业教师指导部分优秀的学生去参与、去完成，从而使更多的教师真正了解企业、了解产品的开发与生产过程，增强教师解决生产技术问题的能力，促进"双师"素质的提高。此外，对各类教师的考核与管理也是师资队伍建设中必不可少的重要环节，因此，应在建立和完善课程教学标准后，按照标准对教师的教学工作进行考核，加强常规的教师教学管理，保证各类教师的学识水平和实践能力，以提高教学质量。

5. 实践教学体系的建设

高职专业的实践教学体系的建立，要围绕着培养目标，在整体性教学计划指导下设立各课程实践教学的实施方案。可以从不同形式、不同角度出发，开展实践性教学活动。按照"从低级到高级、从简单到复杂、从单一到综合"的要求，制订建设实训基地的规划。校内实训基地要融理论教学、实践教学、技术服务为一体，能满足岗位职业技能训练的要求。要建立具有真实（仿真）职业场景、设备先进、软硬件配套和教学、科研、生产、培训相结合的多功能校内实训基地。在实训基地的建设中要保证满足教育培训的多样性，定期投入经费，不断更新仪器设备，以保证技术的先进性，让学生对生产前沿技术有直接的认识和掌握。在教学计划中安排足够的时间，让学生动手训练，切实提高学生的职业技能水平，满足高技能人才培养的需要。同时，还要设法使部分实训室具有真实生产的能力，能承接一定的开发性生产任务，通过对外承接工程项目、来料加工及其他社会服务，为学生实训提供真实的实训素材。与此同时，要建立一批与专业实践教学相适应的相对稳定的校外实习实训基地，选择具有先进管理水平和技术水平、能满足专业实践教学和教师顶岗锻炼需要的企业单位。在互惠互利的基础上，充分发挥社会教育资源效益，以签约的法定形式建立相对稳定的产学研合作关系，明确双方责任和权利，制订教学实习人员交换、科技合作等方面的合作计划，努力实现双赢。

总之，上述五个方面应是专业建设的必要环节。此外，深入开展教学研究，运用现代教育理念，探索教学模式和教学方法的改革，加强教学管理队伍的建设工作，构建专业质量评价与监控体系等，都是加强专业建设的重要内容。

二、高职院校课程建设与管理

（一）人才需求与高职课程建设

高职教育的特质是培养学生熟练掌握一项或多项适合某岗位群要求的应用操作技能，上岗能做事；驾驭某种特定技术或项目领域的操作、变通能力，明晰并掌握工作流程、工艺结构、技术特质和环境；专一于技术生成的全部过程及技术发展的前景，能动地思考技术变革的策略、措施和方法，形成积极的研发方向；不断积累岗位服务的经验，养成专一于事业的良好品质。因此，高职院校的课程体系应该满足以下三种需要：

1. 适应职业发展的需要

职业教育是面向岗位能力、培养高质量应用人才的教育。职业自身的发展规律对从事该职业的人有着客观的要求，人才的知识结构要与社会广泛需求的职业群及相关的职业岗位技术标准相适应，其教学体系应突出综合运用知识的育人特色。教师应把根据不同技能模块综合之后的知识和技能教给学生，包括专业技术，与技术相关的专业理论、文化知识和与岗位相关的法纪要求、与合作相关的人际规则等。以此形成的能力课程，学生学了就能用、会用、管用，能够真正形成岗位能力。这种教学方式符合培养应用型人才的需要。

2. 适应学科发展的需要

高职教育虽不是学科教育，但某一职业往往是以某一个或几个学科的理论与方法作为基础的，因此，人才的知识结构应能满足岗位技能需求并体现基于应用的（非学科）知识与技能的系统性。职业教育课程体系改革要把普教模式下的各科分立、自成体系的纵向课程改变为以岗位能力为前提的、按照生产过程需要而将各科课程重新组合的横向课程。以此来突出知识和技能的岗位应用性，缩短教育与岗位要求之间的距离并强化技能。改变传统的学科型的课程体系，构建以就业为导向的新型课程体系需要以岗位能力为前提，建立技能模块体系，根据各模块的要求综合教学内容，组织课程，选择教学方法，建立教学过程控制和教学质量检测的机制。这既是教学改革的难点，也是职业教育改革的希望所在。

3. 适应学生自身发展的需要

在当今社会更开放、发展更迅速的情形下，知识经济日渐凸显，技术含量日益提升，产业岗位轮换频繁。越来越快的岗位变动和职业流动，需要从业者对不同岗位有更强的适应性。人才知识结构应能满足学生职业能力发展的需求，对学生的职业生涯规划和职业选择起到良好的导向作用。这就要求课程体系应能适应不同层次、不同爱好的需求，使学生能够按照不同的职业方向个性化成才，交往合作能力、职业行为能力、自我完善与发展能力等得到全面提高，以保证其目前和未来的社会生活需要。

（二）高职课程体系建设思路

课程体系建设的基本思路是以高职教育内涵及人才培养目标与规格为指导，

即课程体系建设要以相互间的联系为基础，与生产实践相结合；注重实践动手能力的培养，做到理论与实践并重、知识与能力相当；不断促进教学内容更新和加强学校与社会联系，整合优化课程体系。

1. 实现课程结构综合化、多样化和模块化

中国高职院校课程体系建设，无论从观念上还是从实践上都应当实现转变。传统教育注重的是专业化和统一化。实施综合化、多样化和模块化课程可以变专业对口教育为增强适应性教育。将相关学科适当综合化有助于给学生提供完整的知识结构，有助于适应知识的激增。将课程模块化，则可以实现课程结构的柔性化。可见，实现课程结构的综合化和模块化既满足应用型人才合理的知识结构和智能结构，也适应课程个性化的要求，因此，课程设置要紧扣专业培养目标，满足行业岗位对知识和能力的需求，即既能满足行业多岗位转换甚至岗位工作内涵变化、发展所需的知识和能力，又能使学生具有知识内化、迁移和继续学习的基本能力。课程设置时，除最基本的知识实行必修课外，应尽量增加选修课，加强和拓宽专业选修课是为了保证学生合理的知识结构，可以实行模块式课程，将选修科目分成几个较大的模块，每个模块占一定的比例。这样既可以保证学生形成比较系统完整的知识结构，又可以满足学生个性发展的需要。

2. 注重实践智慧的培养

高职院校培养的是生产、建设、服务、管理第一线的高素质技术技能人才，技术技能的获得对他们具有十分重要的意义，但是高职院校要培养出适应现代社会的高素质人才，仅仅满足于专业知识和专业技术的传授是不行的，树立正确的技术价值观、合理利用技术在当代社会日显重要。高职课程建设应顺应技术发展和社会进步的需要，重视学生技术伦理观的形成，重视品性德行的陶冶，重视实践智慧的养成，课程目标应从单纯的重技术技能的训练转向重实践智慧的培养，注重将技能训练与道德修养结合起来，引导学生树立正确的技术价值观，模范地执行社会技术原则，用技术造福全人类。因此，要注重培养学生求同思维和求异思维的统一，综合思维与发散思维的统一、抽象思维与逻辑思维的统一等。课程改革也必须有利于大学生自学能力的提高，要努力培养学生的创造性品质。因为独立思考是创新人才的必备条件之一，要求从时间上保证（如缩减课时，留给学

生足够的自学时间），而且从物质上也要提供保障，如图书馆、实训基地等设施的建设应足够学生使用。另外也要注重人格品质的塑造，学生不仅要学会做事，而且更要学会做人。

（三）精品课程建设

精品课程是具有鲜明特色和一流教学水平的示范性课程，通过对它的学习和研究，可以探寻高职层次精品课程的共同特点和各院校建设过程中的有益经验，从而切实发挥精品课程的示范作用，推动精品课程建设的开展。

1. 精品课程的共同特点

（1）课程定位体现了职业性、技术的应用性和示范性

精品课程的突出特点是理论与实践并重，强调"职业性"和"技术的应用性"，同时，它还是集一流教师队伍、一流教学内容、一流教学方法、一流教材、一流教学管理等特点于一身的课程，其示范性作用显而易见。

（2）课程设置与就业需求、行业及国际标准接轨

在精品课程的建设过程中，选择课程的设置方向时，主要遵循三条原则：一是与就业需求接轨，考虑社会的需求、就业市场的导向和学校与地方经济的同步发展；二是与行业标准接轨，为学习者提供与其未来可能从事的职业活动有关的知识与技能，为企业提供真正有用的人力资源；三是与国际高等职业教育发展方向接轨，借鉴国外先进职业教育经验，提高国家人力资源质量。

（3）课程内容注重实践教学环节

精品课程的理论与实践教学并重，大力加强实验、实习实训等实践性教学环节。注重鼓励学生主动参与、综合运用及开发创新，培养其动手能力，是精品课程的一个突出特点。

2. 高职院校精品课程建设

高职院校精品课程的建设，主要应从以下四个方面努力：

（1）建设一支三结合的精品课程建设队伍

首先，精品课程的建设要有专家和教授的广泛参与。行业专家了解职业标准、职业发展和行业发展的最新动态；教授站在某一专业或领域的前沿，了解这

一专业的最新科研成果。如果这两方面人员紧密结合，高职院校能在课程设置上听取他们的意见，则可以使课程发展具有较强的科学性和可操作性。其次，要有专门的课程设计人员。他们受过专门的课程设计理论和实践的学习和训练，具备制定课程目标和大纲的基本能力，他们与专家教授相结合，对专业课程设置进行系统思考，可使全部课程有序、完整、层次分明、目标明确。再次，要有"双师型"为主体的授课教师参与。授课教师可以提供一些课程的基本情况，不仅有助于课程设计符合第一线教学实际，而且还有助于对课程发展目标进行调整和规范。

（2）精品课程建设要与科研相结合

只有与科研相结合并建立在研究基础上的课程，才有可能成为精品课程。精品课程建设并不是组织一批教师简单地编写教材，精品课程建设本身就是一项重要的研究课题和任务。另外，科研不仅能将最先进的研究成果充实进课程内容，将先进的教育思想融入课程体系，而且也能够将科研过程中的严谨、求实、创新、存疑等科学精神带入课程教学。

（3）要重视师资队伍建设

师资队伍建设是精品课程建设的首要任务，精品课程建设的"精"首先体现在师资队伍建设上。在精品课程建设过程中，许多高职院校针对师资队伍建设总结出三个需要遵循的原则：一是课程主讲教师能力突出；二是师资队伍结构合理且整体素质过硬；三是教师具备从事教学改革和教学研究的能力与热情。此外，适当引入竞争机制，增强师资队伍发展进步的动力和压力，鼓励教师自觉从事教学研究和教学改革等，也是师资队伍建设的重要内容。

（4）重视教材建设和实践教学建设

教材建设是精品课程建设的重要组成部分，精品课程需要有相应的系列化优秀教材与之相配合。在精品课程建设中，许多院校以国家级优秀教材为首选，同时，利用自己的专业和教师优势，自行编写、开发能够体现高职教学特点的包括电子教材在内的主教材及与之配套的实习实训教材，可以促进精品课程的建设。

（四）校本课程建设

高职院校校本课程建设对策主要有以下四方面内容：

1. 实现高职课程管理机制多样化

课程改革是教育改革的核心，其也必然会牵涉到管理问题。计划经济时期，中国课程管理机制是以中央集权为主，课程的计划和管理借助于国家权力执行，教材、考试大纲、考试范围和内容都由国家统一规定，体现的是国家本位的取向。在目前实行国家、地方、学校三级课程管理模式的情况下，这种单一的课程体制也应相应地进行转变，使地方和高职院校得到课程管理的权利，即地方分权管理和学校自主管理。这样才能实现课程管理体制的多样化和课程决策权的真正下放。高职院校校本课程开发是指在实施国家课程和地方课程的前提下，根据本地区经济的发展及企业对人才培养的需求，结合本校学生的个性发展进行科学的评估，充分利用可开发的多样性的可供选择的课程。当前国际上典型的课程开发模式主要有两种，国家课程采用"研究—开发—推广"的开发模式，即自上而下的模式；地方课程或校本课程采用"实践—评估—开发"的模式，即自下而上遍地生根的草根模式。在草根模式中，课程不仅由国家决定，地方和学校对课程也有较大的自主权，国家政策也给地方和学校留有较大的余地，使地方和学校具有较高的发展课程的积极性。

2. 树立正确的职业教育理念

高职院校校本课程开发实质上就是为培养专业人才服务、为提高教育质量服务。校本课程开发的前提就是树立科学的教育理念，具体体现为科学的人才观、质量观和课程观。课程开发是以课程观为导向的，课程观又取决于质量观与人才观。这就要求课程开发者树立科学的教育质量观与人才观。职业教育不是升学教育，也不是单一工匠式的培养，而是要树立战略眼光，培养具有国际竞争意识与能力、综合素质全面提升的创新型人才。这才是职业教育质量的基点，而且也是校本课程开发的基点。高职院校校本课程开发首先要树立以就业市场为导向的理念，根据经济建设发展对人才的需求，设置专业并进行校本课程开发；其次，校本课程开发要坚持以实践和探索为主的观念，即校本课程在内容和形式上以学生会探索、会操作、会应用，形成良好的知识技能结构为开发目的；最后，要彻底改变教师是单纯的"教书匠"的观念。另外，在校本课程的开发中，教师应成为研究型、知识型、技能型教育者。

3. 使教师成为校本课程开发的主体

教师是校本课程能否取得良好效果的一个关键因素，教师是否具有课程开发意识和具备课程开发的能力就显得尤其重要，而这正是校本课程开发中的一个薄弱环节，因为许多教师还不具备这方面的基本知识和基本素质，因此，在职培训重心就要放在更新教育理念、加强课程改革意识、提高课程开发能力上。高职院校校本课程建设要求教师具备更高的课程开发能力。课程编制者的职责是将决策者的基本想法落实到具体的课程内容中，一般由学科专家、教育教学专家组成。课程实施者的职责是将课程内容通过各种教学活动落实到学生学习结果的变化上，由教师承担。高职院校校本课程的开发最终源于学校的教学实践。其开发需要在教学实践中发现问题，采集资料，明确课程开发的顺序。教师无疑是学校教学工作的主要承担者，自然也是问题的主要发现者、资料的主要采集者和课程的主要实施者，因此，他们最适合对校本课程的设置进行研究开发和实施，教师不再是课程知识的接受者，参与校本课程开发是高职院校教师专业教学的一个重要组成部分。校本课程的实施是要使教师从"教书匠"的角色中解放出来，向多元的角色转化，分享课程决策权，成为课程的研究者、开发者、实施者。教师参与校本课程开发的基本条件是：第一，精通专业是实施课程开发的基础。第二，具备一定的课程论和教学论知识。教师要明白课程规划、课程实施和课程评价的内涵及操作规程方法；教师要了解教学系统各要素组成，尤其是教学原则、教学方法、教学组织与评价的具体运用要内化为教师的自觉行动并具有一定的反思能力，经常回顾和思考课程开发的得失成败，使校本课程日臻完善。因此，高职院校要引导教师有意识地学习一些课程论、教学论和心理学的理论知识，构筑有利于课程开发的知识结构。

4. 建立校企资源共享的互动机制

推行校本课程开发首先要拓宽视野，以学校和企业为基地，调动行业、企业参与校本课程开发的积极性，在充分挖掘、利用校内课程资源的基础上探索校企合作的模式，建立双方资源共享的互动机制。

各高职院校可以根据各自的实际确定校企合作模式，有如下几种模式可供选择：第一，坚持一般性参与的校企合作，主要表现为在校本课程开发活动中企业或行业参与接受高职院校学生实训，为其提供技术上的指导和资源上的保证；从优秀毕业生中选拔人才；为学校提供资金支持；经常与学校开展联谊活动等。第二，坚持协助性介入的校企合作，主要表现为在校本课程开发活动中企业介入高职院校的办学过程，从企业需要出发参与专业设置论证、教学计划开发、课程开发等环节，同时，提供学生实习训练条件。第三，坚持互动性的校企合作，主要表现为在校本课程开发过程中学校、企业、行业共同实施高职教育，把企业和行业纳入育人主体的范围，形成学校、企业、行业教育网络，真正做到学校、企业、行业的资源共享。

第三节　高职教育教学质量与考试制度的管理

一、高职院校教学质量建设与管理

（一）高职院校教学质量管理必要性

教学管理工作在促进院校的改革与发展、提高教学质量和办学水平中，起着至关重要的作用。教学管理是一项十分复杂的工作，从教学计划的制订、调整和教学大纲到教学运行的组织，从开发教育资源、推进教学建设到教学质量监控和学籍管理，从加强师资队伍建设、充分发挥教师的潜力到提供良好的教学环境、保持正常的教学秩序，都在教学管理工作的范围之内。随着高职教育的发展和教改的不断深化，积极研究教学管理的新内容、新方法，把教学管理工作提高到一个新的水平，是高职院校一项很急迫的任务，教学质量是教学管理的生命线。

高职院校加强教育教学质量监控，切实提高人才培养质量，既是中国人才培养工作和各项事业发展的需要，也是高职教育健康持续发展的必然要求；既是应对中国高职教育发展环境及发展需求的必然举措，也是中国经济社会发展和时代赋予的重要使命。

高职院校必须加强教育教学质量管理，建立和完善教育教学质量监控机制；建立与运行质量体系，推行现代质量管理，加强对影响教育教学质量诸因素的过程监控；整合资源，建立质量保障机构，改进教育教学质量监控体制；狠抓源头，提高教师教学监控能力，强化教学实施过程的质量控制。

（二）高职教育质量管理方法

1. 推行现代质量管理

实践证明，建立与运行教育质量管理体系是高职院校加强教育教学质量监控、实现科学规范管理、全面提高人才培养质量的一条行之有效的重要途径。

（1）高职院校教育质量管理体系的基本原则和要素

高职教育的目的是为国家和地方培养适应生产、建设、管理和服务第一线需要的高素质技术技能人才，因此，这就决定了高职院校教育质量管理体系在其基本要素、结构及质量目标和标准等方面，除应具有一般质量管理体系的基本特征外，还应具有自身的特征。高职院校在建立与实施教育质量管理体系时一般应遵循四项基本原则：一是以能力为本位。以能力为本位是职业教育的基本特征，这就要求高职院校必须以满足职业能力需要为质量目标、以职业岗位要求为质量标准，围绕职业能力培养这一中心建立与实施教育质量管理体系。二是以就业创业为导向。质量管理强调以顾客为关注焦点，要求高职院校在建立与实施教育质量管理体系时必须体现"根据市场的需求和学生的就业创业要求，设置专业与课程，进行招生、教育教学设计和实施，提供就业创业指导和服务"的基本要求。三是以过程控制为重点。质量管理的核心在于加强过程控制，要求高职院校在建立实施教育质量管理体系时，应能有利于实现对影响教育教学质量的各个环节和因素进行实实在在的控制，既要能从生源招收、师资引进和资源配置方面进行控制，又要能从教学计划、课程设计、教学实施、教学检查与评估、毕业生跟踪与反馈等方面进行控制。四是内外部监控相结合。建立内外部监控机制是高职院校教育质量体系连续、有效运行的重要保障措施，内部监控可以促进自我完善，外部监控能得到校外真实的信息反馈和恰当的评价，更能体现高职院校"以服务为宗旨"的指导思想，有利于提高高职院校的知名度、美誉度和竞争力。

（2）高职院校教育质量管理体系的改进

持续改进是质量管理的灵魂，是高职院校确保教育质量管理体系连续、有效运行的关键。高职院校在建立与实施教育质量管理体系之后，必须能根据变化了的新形势、新情况、新要求，通过多种形式和途径，与时俱进地采取持续改进措施。高职院校教育质量管理体系的持续改进应以顾客为关注焦点，应贯穿于人才培养工作和质量管理工作的全过程。要保持持续改进，一是要调查、识别并理解学生、用人单位和社会的需求与期望并依此控制各项具体的发展目标，将外部需求转化为内在要求；二是畅通信息传输渠道，制定相应的奖惩制度，建立纠正与预防机制；三是认真开展内外部审核和管理评审工作；四是加强质量管理队伍建设；五是加强文件与资料控制，及时修订并完善体系文件，确保其适宜性。只有保持教育质量管理体系的持续改进，高职院校才能充分发挥其应有的作用，实现对教育教学质量的有效监控。

2. 加强高职教学质量监控

质量监控的目标载体和运行机制是建立强有力的组织体系。建立与实施教育质量管理体系后，高职院校就从制度上实现了对教育教学质量的过程监控，但仅有制度是不够的，还必须建立质量保障机构充实人员并赋予其相应的职权，以便有效实施质量监控。因此，高职院校应加大管理体制改革力度，整合现有资源，设立教学质量保障（监控）处并配备专兼职相结合的质量管理与监控队伍。高职院校还应提供组织和人员保障并改进与完善质量监控体制，以加强教育教学质量监控。

（1）完善质量管理机制

高职教学质量管理需要有专门机构推动与落实，质量体系需要有职能部门负责建设、管理与改进，以便有效实施质量管理。教学质量保障（监控）处通过策划和实施质量管理活动，来监督和审核质量体系在各部门是否得到了贯彻落实。通过宣传质量管理理念，强化全员质量意识，营造质量文化氛围，贯彻落实质量管理措施，实现长效管理。

（2）强化教学督导制

教学督导是高职院校为主动适应教学改革与发展需要而对教学工作实施监督与指导的一项制度，一般是由主管教学的领导和督导人员以专家身份，协助教务处对全校教学及其管理工作进行监督检查、评估和指导。目前，大多数高职院校的教学督导组挂靠于教务处，是一种专家咨询性组织，是教学管理系统中的一个非行政权监督机构。教学督导员通常是兼职或退休人员，主要发挥参谋和桥梁作用。为更好地发挥教学督导的作用，切实加强教育教学质量监控，高职院校应在教学质量保障（监控）处内设立教学督导室，使其成为一个独立于教务处之外的、具有一定权威和行政职能的常设机构，同时，配备专兼职相结合的教学督导员队伍。一方面可以通过检查、监督教师的教学准备与教学实施过程来收集、分析、反馈教学信息，考核教师教学水平并指导教师改进教学方法，对教学活动的具体环节进行质量监控；另一方面，也可对教务处的整个教学工作进行专家监督，既检查、监督其履行教学管理职能，也可配合其开展各项活动，保持教学过程的正常运转。教学督导实践表明，建立运转灵活的教学督导运行机制并理顺各方面关系是教学督导工作更加快捷、高效的前提。只有使教学督导运行机制运转灵活，学生、教师、管理者三方形成良性互动，高职院校才能有效地提高教学质量。因此，高职院校通过创新教学督导运行机制，将在加强教育教学质量监控方面取得更大实效。

（3）加强教育教学评估

建立健全内部教育教学评估体系，充分发挥其特有的鉴定、诊断、反馈、监控、导向、激励等多种功能，定期对教育教学工作进行评估，是高职院校不断提高教育教学质量、竞争力的基本方法和重要手段。高职院校应将评估办公室作为行使评估行政管理职能的常设机构，将其设置在教育质量保障处内并建立一套独立的工作机制。高职院校可以通过评估办公室定期开展教师教学质量评估、系部教学管理水平评估、学生学习状态与效果评估、各种专项评估（如专业评估、课程评估、实验室评估等）和全校人才培养工作水平的自我评估，并有效地利用评估结果建立起有利于促进教师教学质量、教学管理质量和学生学习质量提高的激励机制、约束机制和竞争机制。通过评估，高职院校既向教师教学要质量，也向教学管理要质量，向学生学习要质量，向一切教育教学要素要质量。

3. 强化教师教学监控能力

教学质量是在教与学的互动过程中实现的，教师的教学态度和行为、学生的学习态度和行为及双方在教学过程中的交流方式与效果，将产生出特定的教学质量。教师在具备一定的学科知识和教学水平以后，教学监控能力就成为影响教师教学效果的关键性因素，因此，加强课堂教学质量监控是教育教学质量监控的关键环节，而教师是教育教学质量监控体系中的关键因素，同时，又是监控体系评价过程中的主要方面——被评价者。只有突出考虑教师的作用，充分发挥他们在监控体系中的主导地位，使之增强质量意识，主动投入教学研究，提供信息和积极合作，才能获得质量监控的最佳效果。高职院校应注重培养每位教师的教学监控能力。

（1）教师教学监控能力的概念

教师教学监控能力是指教师为了保证达到预期目的而在教学全过程中，不断地对教学活动进行计划、检查、评价、反馈、控制和调节的能力，主要可分为三个方面：教师对教学活动进行预先计划和安排；教师对自己的实际教学活动进行监察、评价和反馈；教师对自己的教学活动进行调节、校正和有意识地自我控制。课堂教学监控在整个教学活动中的地位和作用是极其重要的。只有具备一定的教学监控能力，教师才能根据教学大纲和教学目标的要求，制订合理、科学的教学计划，选择适宜而有效的教学方法并能在教学过程中不断地进行自我反馈，然后做出相应的修正，提高教学活动的效率和效果。在实际教学过程中，教师要能不断地对教学活动系统中的各有关因素进行积极、主动、科学合理的调节和控制，使其协调一致地推动教学活动向前发展，以获得最佳的教学效果，达到促进学生全面发展的目的。

（2）教师教学监控能力的影响因素

教师教学监控能力的影响因素主要有：计划性与准备性；课堂教学的组织与管理；教材呈现的水平与意识；沟通性；对学生进步的敏感性；对教学效果的反省与评价；职业发展性。教师必须能针对这些影响因素，训练和提高自身的教学监控能力；要善于计划、评价、调节自身的教学过程，灵活地运用各种策略，以完成预定的教学目标和质量目标。

通过设立教学质量保障（监控）处，可以使质量保障活动成为经常性的工作；可以将一系列分散的要素通过信息、评估、监督、控制和激励等监控措施聚合起来，形成监控的整体。提高教师的教学监控能力，可以转变教师的教育观和质量观，提高全员质量监控的素质。在国家大力发展职业教育的良好机遇期面前，高职院校只有用新的思路、新的举措来加强教育教学质量监控，才能不断提高人才培养质量，以求得人才培养工作水平和事业发展的新突破。

二、高职院校教学管理中的考试制度建设

（一）高职院校考试制度与能力培养

高职教育要改革现存考试制度中不合理的部分，实现通过考试来"启发"和"引导"学生的"个性"与"创造力"。

1. 职业技能鉴定与技术操作能力的培养

高职教育是将先进的科学、文化与职业岗位的实际需要相结合，面向一定的职业岗位培养高素质技术技能人才的教育，每个专业都有其职业针对性，并按岗位（群）的实际需要安排教学计划和职业技能鉴定。那么，应如何考核学生的职业技能的掌握程度及技术操作的能力呢？必须利用技术测量手段，测量其技术参数才能判定。如对电机修理的职业技能鉴定，要求学生对电机故障的诊断、拆线、计算、画图、绕线、嵌线、接线、浸漆、烤漆、检测等整个工艺过程独立完成，成绩主要依靠对其技术指标达到的程度进行评估。这种考试不仅鉴定了学生的职业技能，还促进了学生将所学知识转化为实际操作能力。

2. 综合学科考核与三项专业能力的培养

综合学科考核就是打破以单科考试为主的方法，推行 BTEC（英国高职教学模式，即以能力为本位）和 CBE（加拿大高职教学模式，即以学生为中心），建立高职以专业能力为主的任务式"课业"考核新方法。课业完成以学生独立学习、运用专业知识和技能解决问题为过程，课业考核以实际专业应用知识和三项专业能力为主要内容，综合学科考核以转化和提高三项专业综合职业能力为目的。其中，三项专业能力是由专业设计能力、生产技术能力和生产管理能力组成，而专业设计能力的要求是懂得设计和能够局部修改原设计，专业生产能力是指通过综合实训、实践，使学生掌握所学专业生产技术所应具备的综合能力；专业生产技术能力也是根据岗位（群）分析所确定的综合能力中最为重要的综合能力项目，是实现高职培养目标中"实施型"和"技能型"的主要培养途径；生产管理能力是以管理科学生产技术为基础并有机结合而形成的生产管理技术与手段，如一些高职院校在公共课程中设置的生产组织、工程概预算、投标招标、

质量控制、成本管理及产出等有关教学课程的考核，都是以增强三项专业能力培养力度为目的的。

3. 计算机和英语等级鉴定及其能力培养

高职院校考核计算机和英语这两门课程是为了学生掌握这两种基本能力，以利于在日益激烈的人才竞争中具有更大的优势。为提高学生的计算机应用能力，高职院校在考试内容上不仅应突出学生掌握计算机基础知识，还应逐渐使这些基础知识转化为熟练的操作能力、编程能力和熟练使用高级应用软件解决本专业实际问题的能力；考核英语应以训练学生的听、说能力为突破口，以转化和提高学生的英语应用能力为目的。

4. 学术论文鉴定与创新及应用能力培养

学术论文是学生相关专业努力学习、刻苦钻研、充分发挥主体意识和创新精神的心得体会，科学合理的学术论文鉴定，既可促进创新教育的实施，又可促进学生创新精神、创新能力的培养，并且，学生知识的扩展、创新和专业应用能力的提高，都可以通过学生的学术论文反映出来。其中，知识扩展是相关知识的量和领域的延伸，知识创新是知识质的突变，知识的应用也是知识价值的实现、检验、发展的过程；而学术论文的鉴定更是学生知识扩展、创新和应用能力转化的本质体现。为使学生的知识得到扩展、创新，实用能力得到提高，高职院校既要不断拓展与学生所学专业有关且有用的新技术及其实际应用方面的知识，又要不断通过学术论文的鉴定来对学生进行科学思维方法的培养训练，如开展专业认识理论、逻辑科学、方法理论等方面的讲座等。

5. 社会实践评估与适应能力培养

高职教育培养的是高素质技术技能人才。其任务是在生产或社会服务的第一线，领导和组织把工程设计（广义的）、规划方案付诸实施。因此，社会实践相当重要，而且社会实践评估也是高职考核的一个重要组成部分，能促进学生身心健康和文化素质的提高，增强学生的心理承受及调节控制能力、社会活动能力、公共协调及管理能力。"教育过程中不仅要教给学生知识，更应该教给学生学习的方法和提高适应社会的综合能力。"高职院校社会实践（每年寒、暑假和在校期间的实践）评估的实施也能促使学生养成良好的思想品德素质、专业能力素质，培养其正确的世界观及辨别是非、善恶、美丑的能力。

（二）高职院校考试制度改革

考试不仅是教学过程的重要环节，而且是检验学生学习质量的一种有效手段，还是检查教师教学效果、反映教学质量的主渠道，更是保障教学质量的关键。目前，高职院校都在关注和探索考试制度的改革，考试方式和方法的改革可以推动教学改革进程，因此，高职院校应围绕自身特色，积极地探索、尝试考试制度的改革。

1. 树立现代考试观念

高职教育应重视学生的创新能力、实践能力和创业精神的培养，普遍提高学生的人文素质和科学素质，因此，形成以能力为中心、将素质教育观念内化于考试的考核评价体系是建立现代考试制度的核心。高职院校若要通过考试提高学生的知识运用能力、自学能力、分析和解决问题的能力、自我评价和评价他人能力及心理素质、协作精神、职业道德等，必须树立现代教育观、人才观和考试观，转变传统的妨碍学生创新精神和创造能力发展的教育观、考试观，不能单纯以课程和教材知识的难度、深度和考试分数来衡量学生成绩，要把考试视为实现教育目标的一项有效手段，而不是教育目标自身。

2. 构建多种形式的课程考试体系

首先，高职院校要以能力测试和培养为中心，一是考试要紧密围绕能力进行，主要是职业能力和创造能力。一方面，考试是检验学生能力的手段；另一方面，通过考试力争使学生的能力有所提高，使考试成为培养能力的手段。二是考试要起到"导"的作用。一方面，对学生学习兴趣、学习方法、学习目的的引导；另一方面，对所测试的科目（课程）的发展动态、市场对知识和能力要求的趋向的引导。因此，考试的内容是至关重要的，要求教师紧密围绕课程大纲要求对知识、能力、素质进行分析细化，然后根据这些特征确定教和学的方法，再确定课程效果的评价方法和考核大纲。考试的内容应该能够反映学生基本理论和基本技能的掌握情况及分析与解决问题的综合运用能力，而不是课堂教学的简单重复；应多给学生提供探索的机会，鼓励学生独立思考、标新立异，有意识地培养学生的创新意识和创新能力，使考试真正能够对学生的知识、能力、素质进行全面测试和评价。

其次，高职院校要做到考试形式多样化。高职教育人才培养模式具有多样性、应用性、实践性、动态性特征。作为人才培养过程中一个重要环节的考试也应反映高职教育的特征，促进人才培养目标的实现。因此，走出传统单一的考试方式和方法，建立多样性、针对性、生动性、有效性紧密结合的灵活考试方式和方法，是现代高职教育考试制度改革的关键。考试不能只限于笔试，还应采取口试、实验、参与科研、实地调查等多种形式。考试可采用闭卷、开卷、论文、课程设计、实践报告、案例分析、上机操作等方式。课堂评价也是考核的重要方法，教师在教学活动中观察和记录学生的表现，可以通过面谈、正式作业、项目调查、书面报告、讨论问题、线上交流、公开辩论和写论文等方式对学生进行考查与评价。

3. 不断完善考试管理体制

科学高效的考试管理体制是实现高职教育目标的重要保证，是建立现代考试制度的重要组成部分。在加大考试管理工作力度方面，以下内容是必不可少的。

首先，要做好考务管理工作，健全课程教学大纲和考核大纲建设，实行"考教分离"。加强各类考试试题的题库建设，尤其是公共课、专业核心课和部分技能课的题库建设。提高质量，加大考试管理力度，重点抓好命题、制卷、监考、阅卷、评价、材料保存等工作环节的科学规范管理并理顺各部门之间的关系，严肃考风考纪，加强对考核人员培训，认真对学生进行考试教育，突出考试的公正性、严肃性和规范性，促使其达到预期目标。

其次，建立健全考试结果评价和反馈机制。对考试成绩要结合课程总结性考试和平时考核进行综合评价并逐步加大平时考核成绩在总成绩中的比重，实行百分制、等级制和与评语相结合的综合评分方法。与此同时，还要建立考试结果分析，总结教学经验教训，纠正问题，提高教学质量的有效反馈渠道和沟通机制。

第三章
高职教育教学的班级和组织管理

第一节　高职教育教学班级管理

一、高职班级管理内涵和理论

（一）高职班级管理内涵

1. 班级管理的定义

班级管理是指辅导员遵循班级管理的规律，通过各种班级活动，运用指导、组织、督促、激励等手段和方法，设计并保持一种良好的环境，使学生在班级里高效率地完成既定的教育教学任务，为实现班级教育目标和管理目标而进行的一系列职能活动。

新时期的班级管理要求辅导员与学生保持良好的交流关系，学生在班级中能发挥主体作用，而不是事事都要按照辅导员的指令行事。班级管理方式民主，每个学生都能获得一个适当的位置，分担一个角色，通过履行各种职责得以重新认识自己的潜力，发挥自己的能力，获得一种"存在感"。

2. 班级管理的作用

（1）促进学生的社会化，实现育人的功能

从功能的角度上，班级可以被看作一个社会化的机构，它要帮助学生为将来成为一个自主的社会人做好准备。所以，班级的一个重要任务是促进学生的社会化，即辅导员要按照一定的社会要求，以班级的组织目标为导向，通过教育、教学等各种途径，将社会系统的价值灌输给学生，使学生从一个"自然人"转化为"社会人"。也就是促进学生的社会化，包括传递社会文化、内化价值观念、培养社会角色、促进学生个性的发展等。

（2）采取各项措施以保证学校各项教育目标的落实

班级管理要依据学校教育目标和管理目标来制定班级管理目标，班级计划是班级管理目标的具体化，辅导员要通过创设优良的班级秩序、环境、班风和班级活动等，保证班级各项工作的贯彻落实。

（3）协调任课教师、家长及社区等各方面共同做好班级工作

班级是学校的一个基本单位，它和学校的任课教师、学校各部门及社区发生着联系，也需要通过家长、学校及社区共同做好教育工作，所以，辅导员必须做好协调工作，以形成教育的合力。

（4）促进学生各方面素质的发展

在班级管理中，辅导员一方面有意识地通过规章制度的建立和班级活动的组织实施，培养学生现代社会的效率意识、质量意识、民主意识及公关意识，使学生能科学地支配时间，合理利用各种条件促进自身的发展；学会在学习和活动中处理好各种人际关系，发展学生的交往能力，学会与他人友好相处、团结协作、互相支持、互相尊重；培养学生自主管理和自我管理的能力，使管理过程成为学生自主管理、自我管理的过程，促进学生自我塑造身心发展的过程，促使学生各方面素质得到发展。

（二）高职班级管理理论

高职院校的班级管理是高职院校的基础管理，它需要一定的基础理论指导。

1. 人是现实的人

人本主义是立足于现实的人，也就是生活在一定的自然环境、社会制度、文化背景中的人，是出生于某个家庭、接受某种教育、从事某种职业、经历某种坎坷、具有某种思想的活生生的人，抽象地谈论"人类的本质""人性"，等等，从根本上来说是错误的。高职院校的班级管理，必须具体、细致地深入每一个学生，如果某个班主任笼统地谈论"我班上的学生"怎样，则只能说明这个班主任还不合格，反之，如果某个班主任经常说到的是"我班上的张某某、李某某怎么样"，那么这个班主任可以说是合格的班主任了。

2. 人是个性丰富的人

人的个性是丰富的，所谓"全面的发展"，准确地说，并不是人们通常所说的德、智、体、美、劳各方面都发展，而是说要让人们的丰富个性都充分地涌现出来。因此，在高职院校的班级管理中，应当尊重每一位学生的个性，某些乍看之下不是那么好的个性，只要辩证看待、理性分析、合理引导，就能够折射出人性的光辉。

3. 人是追求发展和自由的人

一个人，最值得珍惜和追求的是自由，最深刻的生活的动机和最大的责任是发展。自由不单是人身的自由，更是人性的自由。发展不单是学习文化知识，成就个人事业，更是个性的解放、精神的升华、情感的丰富。故而，高职院校的班级管理绝不能仅仅是纪律管理，卓越的班级管理还应当是提供帮助、创造环境，促进学生个性发展、精神觉醒、情感圆融。

4. 人是个人与社会相统一的人

个人利益与社会利益应当是有机统一的，个人必须为社会贡献自己的才智，社会必须为个人才智的发挥提供条件。这一原理运用到高职院校的班级管理中，则要求班主任引导学生在谋取自身利益的同时为班级贡献自己的才智，班级则要为学生的各个方面的成长提供多种平台。

5. 人是潜力无穷的人

只要扫除各种外在的，尤其是各种人为的障碍和羁绊，只要社会财富足够丰富，让人们不必为谋求物质生活条件而忙碌，只要人的个性能够得到充分而自由的发展和展示，则人的潜力是无穷的。因此，在高职院校的班级管理中，应当是从积极的方面创造条件激活学生、唤醒学生。

二、高职班级制度建设和管理

（一）高职班级制度建设

1. 高职班级制度制定的原则

（1）民主原则

班级制度的制定，不能由辅导员一个人说了算，也不能只是少数几个班干部说了算。如果一个班规只是由少数人制定，普通同学不认可，那么这样的班规只能流于形式，起不到任何作用。只有该制度得到绝大多数同学的认可，才真正有效。

（2）量化原则

制度必须是可以量化且易于操作的。在实际操作中应该简单而有效，以使班级管理科学化、民主化、制度化为目的。量化管理大体是：每位同学在学期开始都拥有量化管理基本分 60 分，按奖励加分、惩罚扣分来计分，计分结果与评优、奖学金、助学金挂钩，建立健全竞争激励机制。

（3）特色原则

受不同专业的因素影响，每个班级的情况都不一样，制度化管理应根据本班实际情况，打造出自己的班级特色。

2. 高职班级制度的内容

（1）班级成员义务

学校各种规章制度和管理条例，以此作为日常行为的准则。

每位同学应热爱班集体，支持班级的工作，积极参加班里组织的各项活动。参加活动的情况将结合到班级个人评优评先制度里面来。

每位同学应在日常的集体生活中，行动上做到团结友爱、礼貌待人、富有同情心、积极向上。

个人生活上，每位同学应做到起卧有时、讲究卫生、合理安排时间。寝室长负责整个寝室，实行寝室长责任制。

学习方面每位同学应积极努力、互帮互助、取长补短，按时按量完成学习任务，每到考试时候，班委应组织人员为班级搞好复习材料总结。

出勤方面：每位同学应做到不迟到、不早退、不旷课，累计一周以内缺课（包含晚自习）达到两次以上者上交学校通报批评，如有更严重者通知家长。

建立班级奖励惩罚制度，班级同学获得院系各项奖励的，在班级将给予适当的物质奖励，以此来鼓励班级同学参加院系活动的积极性。对违反纪律的，班委及时提醒，采取措施，必要时请班主任做工作。

（2）班委管理制度

班级内部设班长、副班长、学习委员、纪律委员、体育委员、生活心理委员、卫生委员、文艺宣传委员、职业发展委员、女生委员、团支书、组织委员，班委会组织的原则是民主集中制，每季度定期考核，对支持率低于半数的干部取消其职务，通过公开公平的竞争方式选出新干部，选举结果报送班主任审核后生效。班委要树立班级目标，班级目标要具有方向性，要有长期和短期目标，并制订相应的工作计划。班级目标要具有鼓励性，同学个人目标、小组目标和班级目标整合一致，同学们为班级目标的奋斗过程成为个人目标不断实现的过程。

（3）班级会议制度

会议制度：每两周定期召开班委会一次，全体班委参加，必要时扩大到各个寝室长。会议由班长主持，总结班级近期工作，针对出现的问题提出解决方案，并研究布置下期工作。班会的考勤及记录由团支书负责，并将结果和出勤状况记录在班级日志本上。

班会制度：半个月或一个月定期召开由全体同学参加的班会，请班主任助理或班主任进行工作指导，班长进行班级活动的布置和总结，并且陈述班级其他的相关事情。同学们可畅所欲言。会议记录由团支书负责，学习委员进行班会考勤。班长每月必须组织班委上交系部班级工作总结和计划。

（4）班费管理制度

本班班费由生活委员统一收取和管理，具体收支都应记录在案，班级账务每个月公示一次，每学期进行一次大总结。支出 30 元以下由生活委员决定，30～100 元由班委会讨论决定，100 元以上须经全班会议通过方可生效。采购物品时至少两人，生活委员不参与采购工作。采购人员凭发票到生活委员处报销。30元以下由生活委员直接报销，30 元以上由生活委员报经班长或班主任助理审核无误批准后报销。班费的使用原则是节约、高效、公开，随时随地接受班级同学监督。

（5）班级计划总结制度

每学期开始，班委分别拟出本班学习工作计划，上交班主任助理或班主任审阅后方可执行。学期末前，上交学期工作总结。班长负责收集和整理班级材料，制定班级资料库，在期末进行大总结。

（6）班级活动制度

同学们应本着主人翁的意识积极参加班级的各类活动，由小组长进行活动的考勤，同学们的出勤将直接影响考评的结果。每次活动相关委员和班长应到场，做好班级活动的组织和记录总结工作。

（7）班级财产制度

由班费购进和学校发放等划归班级使用的物品均属班级财产，班级财产属全体同学，由专人看管。购买的体育用品由体育委员负责保管。班级财产如因个人过失等造成物品损坏，应由当事人进行赔偿。

（二）高职班级制度管理途径

1. 充分发挥大学生的主体途径

班级制度管理是"人—人"的管理，主体和客体都有思想、有情感。就班级管理对象而言大学生是客体，但是就人才成长而言他们又是主体。班级只有充分调动学生的积极性，发挥其主体性，才能实现学生自我管理、自我教育、自我提高的"无为而治"的管理模式。

（1）淡化班级管理的主客体界限。视学生为班集体中的能动性主体，尊重和理解其独立精神、注重调动学生的积极性、提供参与管理的机会。实现这种管理模式的重要前提是培养班干部的自我管理能力，所以班干部的选拔和培养极为重要。要改革班干部选举办法，可采取竞选的形式，学生根据个人条件自愿参加竞选。

（2）着重培养学生的主人翁意识。在班级管理中，要给予学生更大的自主权，增强学生的主人翁意识，使之明白"班级是我家，管好靠大家"，逐渐形成一个既有集中，又有民主；既有纪律，又有自由；既有统一意志，又有个人心情舒畅的良好育人氛围和成才环境。

（3）强化对学生组织管理方法上的引导。辅导员要根据自己的经验教训和已有的管理理论知识对学生加以引导，适当引进先进的管理模式和方法，鼓励学生对新模式、新方法进行探索，引导学生学会将管理与思想教育有机交融的方法，使学生在磨炼中不断成长。

2. 充分发挥辅导员的引导途径

（1）思想意识上的引导。大学是学生世界观确立的最佳时期，思想觉悟如何、道德水准怎样往往同这一时期的思想教育分不开。大学阶段思想政治理论课的开设对学生世界观的确立起到了宏观促进的作用，然而，对于一些社会现象、个体价值的取向、人际交往关系等一系列微观问题都离不开班主任的正确引导，这种引导在学生的身心发展过程中起着无可替代的作用。

（2）行为规范上的引导。为师者要身体力行，从正面加以积极引导，学生的不良习惯才能得以矫正。辅导员的"身教"对学生的潜移默化作用是大的，因此，班主任要处处树立"模范公民"的楷模形象。

（3）学习方法上的引导。一些学生，特别是新入学学生还没有掌握恰当的学习方法，有的甚至还没有形成一个良好的学习习惯。为此，必须加强对学生学习方法上的引导，使学生体会到探索和学习的乐趣，在学习中学会发现和创新，培养创新精神，发展科学思维能力，为日后进行创造性工作打好基础。

3. 充分发挥学生宿舍的基地途径

学生宿舍是学生学习、教育、生活的重要场所，是真实反映学生思想、行为的晴雨表，是班级建设的基地。因此，要加强班级对宿舍的管理，把班级管理延伸到宿舍内。

（1）科学合理安排宿舍。一个宿舍尽量安排同一个班级的同学，同一个班级的不同宿舍尽量相邻，尽量避免"同班不同学、同室不同班"现象的发生。这样可缓解因学生住宿分散而引发的各种矛盾。

（2）以宿舍为单位开展班级活动。积极开展创建文明和谐宿舍活动，根据宿舍特点设计一些班级活动，如宿舍风采大赛等，将文明宿舍与先进班集体评选挂钩，使创建文明宿舍成为班级工作的一项重要内容，这既有利于宿舍管理，又有利于班集体凝聚力的提高。因此强化班级对宿舍管理是加强班级管理的重要手段。

三、高职班级文化内容和建设

（一）班级文化的界定

班级是学校实施教育和进行管理的基本单位，学生的思想行为受到班级最直接的影响。无论班级的人数有多少，其内在文化在育人方面都发挥着举足轻重的作用。所谓班级文化，不同的学者所界定的内涵也不同。扬州大学教师史华楠等学者认为："所谓班级文化，是班级成员通过多种活动而形成的集体心理氛围、班级组织和交往行为，以及通过班级所体现出来的群体价值取向、意志品质和思维方式、思维能力等。"南京师大的李学农教授认为：班级文化是一种潜在的教育力量，是一种"班级生活方式"。俄罗斯著名教育家苏霍姆林斯基（Suhomlinski）在《帕夫雷什中学》一书中说："用环境，用学生创造的周围情境，用丰富的集体精神生活的一切东西进行教育，这是教育过程中一个微妙的领域。"

综上，不管是集体氛围、行为方式、价值取向，还是班级生活方式、环境、集体精神生活，综合起来，即班级内一切能对学生的教育发挥作用的因素，包括物质方面的、制度方面的、精神方面的，都属于班级文化的范畴。

（二）高职班级文化建设的内容

班级作为学生的集合体，班级事务涵盖学生在校生活的方方面面，如学生的日常生活、住宿环境、学习、情感问题等，班级文化也就依托这些方面而建立，主要包括物质文化、制度文化、精神文化。

1. 班级物质文化建设

班级物质文化，也可称之为环境文化，主要是指班级环境，如教室整洁的桌椅、干净的地面、合理的布局、美观的摆设等，使学生每当走进教室都能感受到一种积极向上、奋发图强的精神风貌，无形之中给学生一种暗示：教室就是学习场所，而非谈恋爱、打闹的地方。除此之外，宿舍文化也是班级物质文化的一方面，如实施警务化管理，要求宿舍内务、卫生必须达标，这有利于促进学生良好生活习惯的形成。因此，作为辅导员（或班主任）要重视班级物质文化的建设。在新生入学之前，辅导员要做好教室、宿舍的准备工作，确保教室、宿舍的整洁、有序；随着班集体的建立、发展，要发挥学生的主观能动性，进行班级物质文化的建设，如教室的装扮、文明宿舍的评比等，既可让学生树立主体意识，同时也可锻炼他们的才能。生活在自己亲手打造出来的学习环境中，学生会倍感亲切，对于其中所传达出来的积极的文化信息会更加认同。

2. 班级制度文化建设

无规矩不成方圆。班级制度是为了维护学生良好的学习、生活秩序而形成的各种行为准则，是班级文化建设的重要工程。如一日生活制度、量化积分制度、教室管理规定、班费使用规定等，这些制度有的来源于学校制定的规章制度，有的来源于班级根据自身管理实际制定的规则。班级制度为学生提供了行为模式，因此，班级制度的制定一定要提高学生参与的广度和深度，不能形成教师是制度的制定者、学生只是服从者的局面。只有全班学生对班级制度的价值有了深刻的理解和广泛的认同，广泛参与到制度的讨论、制定、执行中，制度文化才能发挥应有的德育功能。参与班级制度文化建设的重要性，新生刚入学时就已显现出来。

3. 班级精神文化建设

精神文化是班级的深层文化，主要指被师生认同的文化观念、价值观念、理想追求、思想意识和审美观等。在班级精神文化建设中，要特别注重培养学生对班级的认同感和归属感，学生能否接受这个班，取决于班集体能否满足学生在生理和心理发展过程中的需要，是否受到必要的尊重，是否被别人认可等。

（三）高职班级文化建设的策略

班级文化建设的真谛和真正意义在于塑造文化集体与文化人格。由于各个班级的特点、条件不同，班级文化建设的重点和具体操作也会有所不同。辅导员既要把握班级文化建设的普遍规律，又要结合班级实际，提出班级文化建设的有效方略。

1. 努力营造良好的班级文化环境

文化环境是环绕在主体周围的文化因素。所谓营造班级文化环境，主要是指

"美化班级文化环境，优化班级文化环境，强化班级文化气氛"。具体地说，美化班级文化环境，要做到高雅、文明、整洁、规范。使学生进入这种环境就有庄重感、责任感、自律感，能感到身心愉悦并自觉维护。优化班级文化环境，要从设施上给学生提供文化条件，如休息时欣赏高雅的音乐，为学生准备书报和其他文化用品等。同时要从人际关系上突出和谐、互爱互助，提倡先人后己，不妨碍别人。强化班级文化气氛，要在学生之间提倡文化交往，帮助学生增加对文化交往的认识和给学生提供文化交往的机会。总之，营造班级文化环境不能脱离学生实际，而要贴近班级学习和生活，积极倡导健康的生活信念、价值观念、行为规范，努力塑造出积极和谐、健康向上的班级文化。

2. 完善班级制度，建立柔性的班级制度文化

（1）抓好开头，做好制度建设。在学生入学之际做好入校教育，在班级建立之初，结合学校有关制度和班级的实际情况，制定出适合本班的班规条约，让每一位学生了解班规，重视班规的落实。

（2）尊重学生的班级主体地位，重视学生的反馈意见。学生是学校教育的主体，是班级的主人，因此在班级制度文化建设过程中，要充分尊重学生的主体地位，让学生通过自己的方式来管理班级，同时，重视学生反馈的意见和建议，对于学生的正确诉求要及时回复和修正，引导学生不断增强自我管理能力。

（3）落实好班规条约，将班级制度转化为班级约束力。班规条约是班级的有效法律文件，需要抓好落实和执行，并且要在班级内长期坚持。同时，在执行过程中要保证规章制度的公开、公平、公正，做到人人平等，杜绝任何不公、回避或者从轻处理等藐视班规条约问题的发生。

（4）用制度约束，用感情关怀。制度执行时需要考虑人文关怀，通过学习与生活中的点滴来培养同学之间、师生之间的情谊，用情感来温暖班级里的每个成员，让学生认同班集体，融入班集体，自觉遵守班级的规章制度，用情感来凝聚人心，建立一种柔性的班级制度文化。

3. 通过活动逐步培养班级精神文化

（1）培养班级精神。班级精神是班级精神文化建设的重要组成部分，是本班级区别于其他班级精神面貌的方法。培养班级精神不是一朝一夕就能形成的，

而是需要长期地有意识地引导、培养和实践。这种精神在班级成立之初就要进行引导和宣传，逐步让学生理解和接受，并且持续不断灌输这种精神给学生，让学生在活动的实践中慢慢培养并逐渐形成稳定的班级精神。

（2）培养班级凝聚力。学习上给班级学生注入共同的学习目标，使他们养成发奋、互助的良好氛围，发挥好班干部的模范带头作用，利用各种活动和机会宣传和讲解集体荣誉的重要性，引导好学生积极参加各级各类活动，让学生在活动中体会和感受班级凝聚力的重要作用。

（3）开展班级内部活动。班级活动是班级文化建设的重要途径之一。班级活动按照层级可分三级：校级、系级和班级内部。校级和系级活动组织规模大、影响深，对于培养班级的团队精神具有很大的促进作用；而班级内部活动的内容比较广泛，时间比较紧凑，形式比较多样，对于学生的集体思想和观念能够起到潜移默化的作用。

四、高职班级学生干部选拔和培养

（一）主要学生干部职责

1. 班长

负责班级全面工作，及班级对外事宜；定期召开班委会，研究总结工作，找出存在的热点、难点问题，及时与班主任沟通；对班内出现的问题（突发事件）能及时向班主任汇报，并召集班委共同处理；协助团支书工作。召集班委会、班会的召开，制订工作计划草案；做好班委会会议记录；协调各班委之间工作。

2. 副班长

协助班长做好班级学习、纪律、卫生和活动情况的检查；配合班长定期召开班委会，商讨有关班级问题；配合班长处理班级一些突发事件；协助班长开展班级工作；负责全班劳动卫生、体育常规工作。

3. 团支书

负责本班同学的思想政治工作，深入了解本班同学的思想状况，及时做好个别同学的思想工作，及时与班主任沟通；对班级的组织、文艺、宣传情况全面负责；定期召开支部会，研究总结工作，做好下一步工作安排；协助班长工作；监管班级账目。

4. 纪律委员

负责监督和管理本班一切纪律问题，尤其是课间及自习的组织纪律问题；做好预防和阻止班内恶性事件发生的工作；负责对班内违纪同学进行记录；配合行规委员对班内情况进行及时处理和记录；及时向班长及班主任汇报班内存在的纪律问题。

5. 生活心理委员

负责班费的保管，每学期或大型活动后向同学公布班费收支情况，为同学做好日常生活服务，提醒大家注意天气变化；了解、收集学生对学校食堂管理的意见、建议，并及时反馈给有关部门，鼓励学生养成艰苦朴素的美德；配合宿管委员开展好宿舍卫生检查，协调好各宿舍及宿舍内同学的关系，负责卫生评比、卫生大检查、寝室设计大赛等活动，并能及时发现问题上报班主任。

6. 学习委员

热爱学习，刻苦努力，在班内起好带头作用；经常与任课教师取得联系，执行任课教师安排，及时向任课教师反馈班内学习情况；根据本班学生情况，组织开展一些有关学习方面的活动，丰富科学文化知识；认真了解、分析本班学生的各种学习情况、态度、方法等，并及时汇报班主任；营造全班学习气氛，带动大家共同进步。

7. 体育委员

督促体育运动员参加学校体育队训练和比赛；负责各种集合的整队和组织纪律。负责开展经常性的体育活动及组织参加各种体育比赛；组建并管理各体育队；高职班级管理尤其注意多开展女生体育活动；做好体育活动的后勤保障工作。

8. 文艺委员

负责开展班级的文艺活动，丰富课余生活，指导参加校内文艺活动。文艺委员每学期必须组织至少一次班级文艺活动。注意发现文艺人才，做好班级活动及班委宣传的工作，并及时宣传时事信息。负责张贴海报及向学生科上交班级自行组织的各类活动报告书。

9. 职业发展委员

主要负责提高班级就业指导，负责各项提高学生综合能力的活动组织，如演讲比赛、制作简历比赛、座谈会等，职业发展委员应该努力提高自身的就业意识，为同学们搜集捕捉有关可读性、有效性、即时性的就业信息，可在网络群里共享，也可以创办班级就业刊物等。

10. 组织委员

积极和各位班委配合，组织策划班级各项工作，负责租借教室，组织班级同学参加各种活动，班级信息处理工作，协助班长、团支书开展各项活动；配合学生会工作。

11. 女生委员

按班委要求，以身作则，在班上起好带头作用；团结本班同学，关心、帮助女同学，协调好女同学之间关系；负责学校、团委、学生会安排的事宜；协助班委、团委工作的开展。

（二）高职班级学生干部选拔

班干部是班集体的核心，是辅导员进行工作的有力助手，是联系老师和学生的纽带，在班级学习和生活中起着带头作用，因此要重视班干部的选拔，充分发挥他们在班级中的作用，带动全班同学和集体不断前进。

1. 学生干部选拔的原则

（1）德才兼备的原则

德，品德；才，才能；备，具备。指同时兼有优秀的品德和才能。从高职院校学生干部选拔的角度来讲，德主要是指学生的思想品德，也就是要具备较高的思想政治素质，如必须具备爱国主义精神，是团员、党员的优秀代表等，这是选拔学生干部的基本要求。所谓的才能既表现在学习上，还表现在管理等其他方面，主要是指学生的综合能力和素质。

（2）公开、公平、公正的原则

高职院校在选拔学生干部的过程中，还必须坚持公开、公平、公正的原则，为此要制定详细的学生干部选拔程序规定，保证选拔的过程公正、选拔的条件和要求的公平性，保证选拔的学生干部符合学生的意愿，能够真正代表学生的利益。

2. 学生干部选拔的途径

（1）起始年级班级临时指定班干部

在起始年级的班内，由于新生彼此还互不了解，而班级又需要有专人负责班里日常事务，同时，当班级出现问题时，需要有专人与辅导员取得联系，所以，选拔班干部应采用指定的办法，即由辅导员临时指定几名学生担任班干部，以使班级工作能得到正常开展。要指定有一定号召力、组织能力和语言表达能力的学生担任临时班干部，一般指定三四名，要注意男生和女生的比例。

（2）民主选举班干部

即通过民主选举的方法选举产生班干部，这样有利于培养学生的民主思想、主体意识，调动全班学生参加班级活动的积极性，民主选举可通过学生提名，也可学生自荐，再通过民主投票的方式产生。在选举之前让学生清楚班干部的具体标准：即学习好、有较强的学习能力；身体好，平时积极锻炼身体；有较强的组织能力和口头语言表达能力，以便开展班级工作，组织班级活动；思想品德好，能关心他人，大公无私，能真心实意地为同学、为班集体服务，在班上能起模范带头作用。

3. 构建完善的进入和退出机制

学生干部并非担任以后就不会退出的，高职院校要明确规定学生干部的任职时间，一般来说学生干部可以每学期重新选举一次，通过选举将一些不能真正维护学生利益、不胜任学生干部工作的学生调整出学生干部队伍。

（三）高职班级学生干部培养

1. 开办学生干部培训班

高职院校可以定期开展学生干部培训活动，对学生干部进行全面的、多样化的培训，不断提高学生干部的素质与能力，引导学生提高自身的创新意识和能力，从整体上提高学生干部队伍的综合素质。比如说对学生干部进行文明礼仪讲座，让学生干部学会各种文明礼貌用语和行为习惯，培养和提高他们的基本素质。可以说，学生干部的培训活动是围绕干部的素质能力和学生干部工作进行的，只要是与学生工作有关的内容，都可以作为培训的内容。这就要求在培训工作当中培养学生干部的合作意识和科学的工作方法，掌握基本的组织管理方法，让学生具备团队意识和团队工作能力，最终将学生干部培养成责任意识强、知识素养高、能力素质强、创新管理意识突出、协作能力好的创新型学生干部。

2. 利用校园文化培养学生干部的团结协作能力

校园文化建设是管理的重要内容，丰富多彩的校园文化是学生干部日常生活的重要组成部分，同时也是学生干部发挥自己素质能力的主阵地，校园文化的建设和发展，对学生干部素质能力的发展产生重要的影响。因此，在学生培养过程中必须重视校园文化的作用，在这方面高职院校可以开展技能节和文化节，由学生干部组织开展丰富多彩的校园文化活动，既保持了校园文化建设的生机和活力，也能给学生干部创造一个展示自己素质才能的实践机会，在实践当中培养学生的组织能力、管理能力、协作能力。

3. 建立和完善学生干部考核机制

为了客观地评价学生干部的工作情况，高职院校可以每个学期组织一次学生干部考核，从德、智、勤、绩等四个方面对学生干部的工作进行评价。评价的方式包括学校评价和个人自评，采用定量考核与定性考核相结合的模式，对学生干部做出全面的、客观的评价。通过学生干部考核工作，高职院校可以掌握学生干部的工作、学习和思想情况，找到学生干部存在的不足。

4. 培养学生良好的心理素质

学生工作是一项非常烦琐的工作，在工作过程中学生干部会遇到各种各样的问题，学生干部必须具备良好的心理素质，这就要求高职院校在学生干部培养中，重视和加强学生素质培养，让学生干部具备顽强的意志、宽容的心胸，能够正确地、理性地对待工作当中遇到的问题。为此，要加强学生干部的思想政治教育和心理教育，帮助学生干部树立正确的人生观、价值观，培养和提高他们的工作自信心，同时学会心理调节的基本方法，指导他们学会释放自己的心理压力，学会对待各种挫折，增强学生干部的抗挫折能力。

第二节 高职教育教学的组织管理

职业教育的教学是学生积累知识、提高技能及发展个性品质的一个连续过程，也是职业院校所有工作的中心环节。职业院校只有做好教学的组织工作，才能实现为国家经济社会发展培养技能型人才的根本目标。

一、职业教育教学的基本原则与策略选择

（一）职业教育教学的基本原则

教学原则是人们根据一定的教学目的，遵循教学规律而制定的指导教学工作的基本要求，它不是主观臆造的，而是有一定客观依据的。职业教育教学的原则，有以下几个：

1. 职业性原则

职业性原则指的是职业教育教学应使受教育者在全面发展的基础上，获得与经济建设具有极为密切关系的相关职业所需要的职业知识、职业能力和职业道德，亦即成为具有全面素质和综合职业能力的应用型与实用型人才。

这一原则要求教师要了解相关职业岗位的专业要求，教学过程的展开要以职业岗位的要求为依据，将教书和育人结合起来，在提高学生知识与技能的同时，培养他们的职业道德和社会责任感。

2. 实践性原则

职业教育是以就业为导向、能力为本位，职业教育的教学要以职业实践为出发点，并将其作为教学工作的导向和最终目标。也就是说，教师在教学过程中要引导学生从理论与实际的结合中理解知识，并运用知识去分析解决实际问题，做到学懂会用、学用结合、学以致用，以有效培养学生以知识为中介分析问题和解决问题的实践能力。

这一原则要求教师在教学中要树立"学中用，用中学，学用一体"的思想，

在系统、全面分析学生未来职业岗位需求的前提下，优先保证对学生实践能力的系统培养；要求教师在教学方法上必须停止说教和唱独角戏，做到理论与实践相结合，将学生的一切学习活动外化为可感知、可操作的现实事物之中，让学生在实践中体验，在体验中升华认识，并且通过外化的实践活动，降低知识的抽象性；要求教学的标准和内容能适应学生与企业岗位的实际需要，与职业标准相结合，使生产和教学零距离，培养出符合企业要求的合格人才；要求加强教学实践活动，如教学练习、见习、实习、参观、职业岗位实践活动和社会实践活动等，这是加深学生对知识的理解，运用知识于实际和形成技能技巧的重要途径；要求充分发挥实践教学场地（如实习车间、实验室、演示室等）的作用，并要充分利用校外企事业单位的生产、营业和办公现场，对学生进行具有针对性的、与现实生产或工作相一致的培训，尽量让学生亲自动手实践，使学生不仅具备在模拟环境下的工作经验，同时，具备一定的实际工作能力和工作经验。

3. 发展性原则

职业教育教学的发展性原则，表现在以下两个方面：

第一，职业教育教学的内容和要求要随企业的发展而发展变化。当前，中国经济快速发展，新材料、新技术、新能源不断出现，企业的生产与要求在不断变化，作为直接为企业输送人才的职业教育，它的教学内容和要求必须随企业发展而发展，要不断更新，不断将动态的具有较高价值的新成果引入教学过程，为企业输送可直接上岗的人才。这就要求教师要亲自到企业中实践，掌握最新的技术发展，也提升自己的专业素质，满足教学要求。

第二，职业教育教学要注重培养学生可持续学习的能力。在职业教育教学中，不仅要满足学生现在的需求，还要关注学生的未来，在教给他们知识与技能的同时，也要传授给他们解决问题的方法，使他们今后有广阔的发展空间。

4. 指导性原则

指导性原则指的是教师在教学过程中要引导学生主动、自主地进行学习，同时，指导学生养成正确的学习方法和思考问题的方法，以提高他们分析问题、解决问题的能力，从而帮助他们高效地完成学习任务。它主要运用于职业院校的实践教学活动中。

这一原则要求教师在学生的实际操作活动过程中，给予适当而有效的演示、描述和解释，让学生掌握生产技术设备的安全操作方法。这一过程可以采取集体指导的方式；而在学生自己操作练习的过程中，对其操作姿势和操作方法的指导与纠正则可以采取个别指导，并适时地运用启发性原则，使学生能有效地习得操作技能。

5. 过程性原则

过程性原则指的是教师在教学中要更多地关注教学的过程，使教学的过程体现出多样性，并引导学生的认知从多元趋于一元。

职业院校的教学目的，不光要学生掌握一些结论性的知识，更重要的是要学生掌握相关的职业技能。而任何一个职业行为都是由不同的操作环节构成的，操作过程中的每一个环节都对其结果产生重要影响，这就要求教师在教学中不仅要看学生能否完成任务，更要关注他们完成学习任务的操作过程，关注学生思考的过程、关注学生的工作思路和行为习惯、关注学生心理承受力。只有通过对学习过程的关注，才能了解他们的过程是否符合操作规程、是否符合行业职业道德要求，这对培养学生良好的职业习惯是非常重要的。

6. 因材施教原则

在职业教育教学中贯彻因材施教原则，并不是要否定统一要求和全面安排，而是在统一和全面的基础之上，教师要全面了解学生，熟悉学生在性格、特长、爱好、思想品质等方面的差异。职业院校的学生在这些方面更是参差不齐、各有差异，因此，教师更应该给予更多的关注，在教学中扬长避短、有的放矢、因材施教。

尤其针对不同学生的兴趣和特长，实施个别化的鼓励和指导，这会有力增强学生的自我效能感，提高其在某一专业领域的学习能力和技能水平。

7. 情境性原则

情境性原则指的是在教学中，通过创设某种实践情境，如活动的场景、事件、情节及氛围，并规定操作内容，进行角色设置，让学生参与、感受其中，引导学生形成事物的清晰表象，使学生获得生动鲜明的感性认识，为学生掌握理论知识，形成一定的职业实践能力创造条件。

这一原则处理的是理论知识的抽象性与学生认识的具体形象性之间的关系，是根据学生的认识规律提出来的，反映了学生思维发展的特点。通过教学情境使学生的多种感官都参与到认知活动中来，有利于学生由形象思维向抽象思维过渡，使其所学知识形象化、具体化，既激发他们的学习兴趣和学习积极性，又减少掌握抽象概念的困难，为他们形成科学概念、理解巩固知识、发展认识能力创造条件。

教师在运用这一原则时，要特别注意三个方面：一是要注意根据不同的教学目标、教学内容创设不同的情境，只有根据教学目标和教学内容的需要，创设最恰当、最合理的情境，才能发挥情境教学的优势与效用；二是要注意激发学生的职业兴趣，即通过教学让学生找到自身和专业的"关系"，使学生由对职业的好奇转变为对职业的兴趣，为今后的学习打好基础；三是要注意激发学生的职业情感，创设真实的教学情境或引入真实的工作环境，既为学生提供了学有所用、亲自动手的实践机会，又可以使学生尽快适应职业角色，养成职业习惯。这种教学方式带给学生的感悟，有助于其职业情感的形成。

（二）职业教育教学的策略选择

1. 教学策略的含义

教学策略是在教学的过程中，为了达到教学目标、完成教学任务，对教学活动进行调节和控制的一系列执行过程。它包含以下几层含义：

第一，教学策略包括教学活动的元认知过程、调控过程和教学方法的执行过程。教学活动的元认知过程是指教师对教学过程有效监视和控制。教学活动的调控过程是指教师根据教学的进程和变化对教学过程进行检查，及时反馈和调节。教学方法的执行过程是指教师在教学过程中采取的师生相互作用方式、方法与手段的展开过程。

第二，教学策略不同于教学设计，也不同于教学方法，它是教师在现实的教学过程中对教学活动的整体性把握和推进的措施。

第三，教师在教学策略的制定、选择与运用中要从教学活动的全过程入手，兼顾教学目的、任务、内容，学生的状况和现有的教学资源，灵活机动地采取措施，保证教学有效、有序地进行。

2. 职业教育教学策略的选择依据

教学策略的选择是否恰当，对于职业教育教学的效果会产生重要的影响。因此，在职业教育教学过程中，必须高度重视教学策略的选择。具体而言，在选择教学策略时要切实依据以下四个方面：

（1）教学的目标与任务

教学目标不同，所须采取的教学策略也不同，课程的教学目标和教学任务不同，则需要选择不同的教学策略。

（2）教学的内容

不同学科性质的教材，应采用不同的教学策略，而某一学科中不同的具体内容的教学，又要求采用与之相适应的教学策略。

（3）学生的实际状况

学生的实际状况也会影响到教学策略的选择，这主要表现在以下两个方面：

第一，学习者的起始能力决定着教学的起点，教学策略的制定或选择必须从此起点出发进行具体分析。教是为了学，因此，制定和选择教学策略要考虑学生对某种策略在智力、能力、学习态度、班级学习氛围诸方面的准备水平，要能调动学生积极的学习兴趣和态度。

第二，学生的认知风格有差异，同时，学生的认知风格又与学习有着密切的关系。教师若能针对学生的认知风格差异，调整自己的认知方式，选择适合学生认知风格的教学策略，便能促进学生有效地学习。

（4）教学策略的适用范围和使用条件

每种教学策略都有各自的适用范围和使用条件，同时，又有各自的优点和局限。某种教学策略对于某种学科或某一课题是有效的，但对另一课题或另一种形式的教学可能是完全无用的，如发现法教学策略，对培养学生的内部动机，学会发现的技能，记住和保持信息，有它的积极作用。但一切知识未必都需要自我发现，即人们获得的大量知识都不是来自亲身发现。尤其是当今知识大爆炸的时代，学科的研究越来越精细，任何人穷其一生都难以把一门学科研究透彻。

二、职业教育教学的方法与模式

(一) 职业教育教学的方法

在《教育大辞典》中，"教学方法"的定义是："师生为完成一定教学任务在共同活动中所采用的教学方式、途径和手段。"也有学者认为，教学方法是教师和学生为了实现共同的教学目标，完成共同的教学任务，在教学过程中运用的方式与手段的总称。在职业教育的教学实践中，选择合适的教学方法是十分必要的。

目前，职业教育教学实践中所运用的教学方法多种多样，下面简要介绍几种常用的教学方法。

1. 项目教学法

项目教学法又称"产品教学法""项目作业法"，是指在教师指导下学生与教师通过共同实施一个完整的工作（工程）项目而进行学习的教学方法。具体到职业教育领域而言，一个"项目"，可以是一件产品、一种服务、一个策划或决策等。

在职业教育实践中，项目教学法是一种具有鲜明行动导向性的教学方法，通过这一教学方法能够深切感知到行动导向教学所具有的真实性、协作性等特点。在职业教育教学中运用项目教学法时，选择并确定项目是关键。在这一过程中，要注意所选项目以一个实际工作任务最佳，并要与学生所要学习的内容及企业的实际生产过程等有直接的关系；注意所选项目的难易程度要符合学生的实际，并在此基础上有一定的提升，即学生通过努力可以完成这一项目，否则不能有效激发学生的学习积极性和创造性，也不能有效培养学生独立处理问题的能力；要注意所选项目实施完毕后，应有具体的项目成果呈现，使学生有学习的成就感，也使项目的最终实施效果得以呈现；注意所选项目要呈现出相关行业的最新发展动态等。

项目教学法的实施步骤：一是对教学项目进行布置，在这一过程中教师要注意将项目的目标、要求、内容及实施条件等向学生讲明；二是对教学项目的实施方案予以确定，即教师在将项目分配给学生后，就要指导学生根据项目的要求对具体的项目实施计划与方案进行确定；三是实施教学项目，即学生在确定了实施教学项目的计划后，教师要指导学生切实以自己制订的计划为依据进行教学项目的有序实施，直至最终完成教学项目的任务；四是评价教学项目，教学项目评价可以由师生共同评价，也可以根据相关企业标准进行评价（前提是教学项目是真实的工作任务）；五是对教学项目的实施情况进行总结与反思。

在项目教学法的实施过程中，应特别强调以行动为导向的学习，重视学生的相互交流与信息的反馈。作为职业教育和培训的一种重要教学方法，项目教学法对于培养和提高学生解决实际问题的能力具有显著的作用。因此，在项目开展的整个过程中，教师要引导学生将理论与实践紧密结合起来，只有将自身的专业理论知识运用到具体实践中去，才能真正培养和增强自身的实践技能。同时，教师在关注项目实施结果的同时，更要关注完成项目的过程，只有这样才能真正引导学生为完成项目将其所学的相关知识和技能综合起来。

2. 引导发现教学法

引导发现教学法是指在教学活动中，以问题为中心，在教师的指导与引领下，学生通过积极主动的思维活动，去探索、发现解决问题的方法或策略，进而了解相关知识和技能的一种教学模式。

引导发现教学法的实施步骤：一是引导学生提出问题。教师要依据课题内容及学生的认知水平，恰当地把教学内容设计为层层递进的问题或悬念，并引导学生发现这些问题，激发学生的求知欲望和学习兴趣，进而引发学生的积极思维。问题设计得好坏，是引导发现法成败的关键。二是引导学生探究问题。这一步骤是引导发现教学法学习过程中的核心部分，是学生自己独立思维的过程。教师在这一过程中要充分发挥学生在学习中的主动性，让学生围绕提出的问题进行阅读、观察、试探、验证等一系列活动，要鼓励学生进行探究和讨论，以互相启发，交流思路，并组织、协调好学生间的交流探究，向学生指明探索方向。三是引导学生解决问题。此环节是教师在引导学生探究问题得出结论的基础上组织学生相互交流探究结果，从而最终解决问题，可以通过学生先自己归纳、展示自己的学习成果，然后再由教师或师生共同评价学生学习成果的方式进行。四是总结提高。师生共同回顾问题解决的全过程，概括解决问题的思路和方法，提升学生的分析能力。

3. 任务驱动教学法

任务驱动教学法，要求在教学过程中，以完成一个个具体的任务为线索，把教学内容巧妙地隐含在每个任务之中，让学生自己提出问题，并经过思考和教师的点拨，自己解决问题。

任务驱动教学法的实施步骤：一是布置任务。教师在课前要根据课堂教学内容和学生实际，设计好教学任务，并在上课时首先布置任务。这里讲的任务不同于前面项目教学法的项目，项目是一个综合性的实际工作任务，一个项目的实施涉及的学科知识和专业技能较多，当项目实施完毕后应有具体的、有实用价值的劳动成果呈现、、实施起来较复杂。而任务驱动法中的任务可以是一个单纯的学习任务，也可以是一个工作任务，教师在一堂课上就可以根据教学内容设计不同的教学任务。二是分析任务。教师布置完任务后，要组织学生分析任务。在分析中，教师要发挥学生的主动性，让学生自主学习，不要代替学生，教师只是向学生提供解决问题的有关线索（例如需要搜集哪一类资料、从何处获取有关的信息资料等），大胆放手并鼓励学生去想，让学生自己提出问题，调动学生主动求知的欲望。三是完成任务。学生在经过以小组为单位的交流、探讨后，他们在一定范围内对问题的解决有了思路并有可能达成了共识。这时教师可以采取各组同学相互交流、补充，教师最后加以总结归纳的方式完成任务。四是评价、总结。可以采取小组间互评的方式对各小组任务完成情况进行总结、评价，这样可以起到巩固知识、提升学生综合能力的效果。

在任务驱动教学法的实施过程中，还要特别注意以下几点：

第一，选择的任务不宜过大、过难，应符合学生特点，"任务"设计要有明确的目标。

第二，教师必须从讲授、灌输，转变为组织、引导，从讲台上讲解转变为走到学生中间与学生交流、讨论，共同学习。

第三，教师要尽可能地提供必要的活动条件，要使学生能参与到活动中，在活动中学到知识与技能。

4. 实习作业法

实习作业法又称"实践活动法"，是教师指导学生在车间、农场、实习室等场所进行实际操作，将知识运用于实践以培养分析问题和解决问题能力的教学方法。

教师在开展实习作业之前，一定要做好各项准备工作，制订明确而具体的实习计划，准备好各类实习器材和设备，确定实习成员的分组情况等，做到各项准备工作安排得当、有条不紊。在开展实习作业的过程中，要指导学生文明操作、安全作业，和相关技术部门密切配合，尽量争取学到更多的实际有用的操作技能。

实习结束后，要安排撰写实习报告与实习心得，加深对实习过程的理解与消化。

5. 分层教学法

分层教学法是教师根据学生在基础知识、基本技能、思维定式、兴趣特长等方面的差异，把学生分成几个层次，从学生具体情况出发，有区别、有针对性地进行教学活动，以达到全面提高的目的。

这一教学法非常适用于高等职业院校，因为高等职业院校在招生时没有统一的分数要求，学生的学习基础参差不齐，完全统一的教学目标和要求不能满足所有学生的要求，而分层递进教学法则可较好地解决这个问题。

分层教学法的实施步骤：一是进行教学目标分层，教师在设定教学目标时，要结合教材内容对不同水平的学生，规定不同水平的要求。这样才能使基础差的同学有学习的信心、学习好的同学有学习的兴趣。二是进行课堂教学分层。为使课堂教学适应学生的个体差异，必须严格围绕教学目标分层施教。教师在把握教学的同时，要结合不同教学内容使教学进度分层推进，在学习新知识时，能让各层次学生充分参与。于各层次学生的掌握理解能力不同，教师要抓住机会，适时了解各层次学生的认知情况，分别予以指导。三是进行教学评价分层。教师在进行教学评价时，其评价标准也应分层。通过分层次的学习评价，一方面可以检查教师分层教学目标的实施情况；另一方面也可以激励不同层次的同学进一步深入学习。

6. 要素作业法

要素作业法又称"要素作业复合法"，是一种通过对手工生产劳动过程的分析，从中抽出操作要素编成单元作业，然后在与生产现场相脱离的场合按一系列要素作业进行教学的方法。这是一项具有很强实践性的教学方法，其教学过程的展开既要兼顾学生对某项工作的掌握与熟练程度，又要兼顾对此项工作所在的工种的整体技术的熟练与掌握程度，以此提高学生的操作技能。

要素作业法的实施要遵循由易到难、由简到繁、循序渐进的原则，教师要让学生学习和掌握个别工序复合法的基础，然后在熟练掌握这些要素的基础之上，进行复合与应用，从简单作业逐步过渡到复杂作业。同时，在具体的操作过程中，教师应该指导学生认真分析工种的特点，明白其原理，知晓其操作步骤，从而分解出最基本的要素工序。实施过程的进度和难度必须得到控制，应根据学生的心理特点和已有的技能水平来确定。

7. 案例教学法

案例教学法就是选取一些具有较强针对性、实践性、真实性和典型性的个案、实例等，通过引导学生对其进行深入分析与探究，使学生的问题分析与解决能力不断得到有效提高的教学方法。这里的"案例"是关于实际情境的描述，它指的是一个完整的、有代表性的真实事件。

案例教学法的实施可以分为三个阶段——课前准备、课堂实施和课后评估，具体可以分为六个环节，即案例的引入、信息的收集、方案的研讨、决策的制定、方案的确定及方案的评价等。在运用案例教学时，要注意精选案例，案例必须真实可信、客观可辨而且多样；案例的内容要与本节课所学知识有关，难易程度与学习知识的深浅度相关，篇幅大小与教学时间相适应；要做好充分的课程准备，案例教学的目标要明确而具体，要给予学生充分的独立思考、讨论的时间和空间。

8. 头脑风暴教学法

头脑风暴教学法指的是在教师的有效引导之下，学生就某一课题自由地发表自己的意见，教师和其他同学不对其正确性和准确度进行任何评价或干预的教学方法。这是一种可以在最短的时间内获得最多的思想因子和观点的讨论性方法。

职业教育教学中运用头脑风暴教学法时，应特别注意以下四点：

第一，要让学生自由思考，而且要能够不受任何拘束地自由发言，只有充分地解放学生的思想，才能收集到更多有益的观点和建议。

第二，要注意评价不能与回答同步进行。学生在回答问题或给出建议的时候，教师和其他同学不能直接地立即给予评价甚至将其打断，不论对其看法表示赞同或否定，评价必须居于"集思广益"之后。

第三，讨论要注重量的积累，只有让同学们提出越多的观点和看法，才能在最后提炼出越有价值的意见和建议。也就是说，必须以量的积累才能达到质的生成和提高。

第四，要控制好参加的人数和讨论的时间。头脑风暴法的开展适宜采用小组讨论，每组 5~10 人，时间控制在 5~15 分钟为宜。人数过多或过少、时间太长或太短，都会对最后的结果造成影响。

除了以上几种教学方法外，职业教育教学中还会运用讲授法、谈话法、读书指导法、演示法、参观法、实验法、练习法、欣赏法、情境教学法等多种教学方法，限于篇幅不再展开论述。

（二）职业教育的教学模式

教学模式是在一定教学思想或教学理论指导下建立起来的较为稳定的教学活动结构框架和活动程序。在当前职业教育教学过程中，行动导向教学模式和产学研合作教学模式的运用是最为广泛的。

1. 行动导向教学模式

行动导向教学模式是以就业为导向，以能力为本位，以国家职业资格鉴定标准为依据，以工作领域的职业活动为内容，运用行动导向的教学方法组织教学，让学生在职业性的教学过程中参与学习，体验学习，最终学会学习，培养具有综合职业能力的技术技能型人才的教学形式。

行动导向教学模式强调教学过程与教学目标之间的交互作用，应根据教学目标和教学内容选定教学方法，而实施教学过程的最终目的是实现教学目标。根据教学目标，教师对学生的综合职业能力进行教学评价，同时提供关于教学效果的反馈。行动导向教学过程必须符合其基本的教学原则。凡是符合行动导向教学原则的教学方法，都可以称之为行动导向教学模式下的教学方法。在实际教学过程中，教师应根据教学内容及教学目标，选用合适的教学方法。

2. 产学研合作教学模式

产学研合作教育简称"产学研结合"，国际上称为"合作教育"。它是指生产、教学、科研三者在形式上的结合与本质上的合作，是职业教育特别是高等职业教育的一种新的教学模式。

当前，中国产学研合作教学的运作模式主要有四种：一是校内产学研合作模式，即根据学生培养目标的需要而建立的与专业密切相关的产业、企业、工厂，并使之与教学、科研挂起钩来；二是双向联合体合作模式，即结合区域经济发展实际，依托当地主导产业办专业，依托专业办产业；三是多向联合体合作模式，即高职院校选择现代化程度比较高、与自己所设专业相同或相近的企业作为合作伙伴进行办学；四是以企业为本模式，即企业结合自身的产业类型，配套开办高职院校，设置针对性比较强的专业，培养适用性较强的人才。

产学研合作教学模式的核心是教育，主体是学生，目的是提高学生对社会生产的适应能力，基本特征是学校与企业合作培养学生，本质是教育学习与真实工作相结合。

三、职业教育教学的组织与管理

（一）职业教育教学的组织

职业教育教学的组织就是"根据一定的教学思想、教学目的和教学内容及教学主客观条件组织安排教学活动的方式"。职业教育教学活动中，任务教学、技能教学、项目教学和岗位教学是职业教育教学典型的教学活动，因而这里着重阐述一下如何对这些教学活动进行组织。

1. 任务教学的组织

任务教学过程包括任务描述、任务分析、完成任务、学习评价阶段，任务教学的组织可据此过程不同阶段的特点进行设计。

任务描述是对典型任务的描述，目的是让学生了解任务的背景、内容、要求。这里的要求包括时间、成本、安全等。为了让学生对将要完成的任务掌握的信息一致，教师可以采用班级教学的组织形式。

任务分析阶段是完成一项任务所需能力形成的第一个环节，这个环节对于培养学习者接受任务后形成分析的习惯、分析的思路及严谨的态度都是十分重要的。任务分析是以学生为主体。

应用各种信息渠道获得有关信息，结合教材提供的相关知识，对完成任务的途径、方法、成本和时间等进行分析。为了培养学生的创新能力，学生可以根据自己可能获得的条件，选择各种不同的工具和手段，形成完成任务的方案。为了培养学生独立分析问题、解决问题的能力，在任务分析阶段，可以采用个别教学的组织形式。

完成任务是学生按照已形成的方案，按要求逐步实施，通过完成各个实施环节，形成独立完成任务的能力的重要环节。主要培养学习者工作的逻辑顺序、方法的运用、工具的操作及认真的态度等。在这一阶段仍然需要采用个别教学的组织形式。在学生个别学习的过程中，教师要注意原理的科学性和技术的安全性。

学习评价包括同学间对任务完成情况的评价和教师对学生完成情况及教学目标达成情况的综合评价。可以采取小组和班级两种教学组织形式完成。同学间的评价，为了节省时间，可以采用小组评价的方式进行；教师综合评价可采用班级教学组织形式。

2. 技能教学的组织

技能形成过程一般包括定向、模仿、整合和熟练四个阶段，技能教学的组织要根据技能形成阶段的特点进行设计。

技能的定向阶段是操作活动的气氛、节奏、姿势、动作等在学习者头脑中形成印象的过程。操作定向是操作技能形成过程中的一个重要环节，这个阶段的特点是时间短，但最为关键。准确的定向印象可以有效地调节实际的操作活动。操作技能定向阶段的教学组织，一般采用个体或者小组教学的组织形式。在借助于录像、动画或者图片等教学媒体的帮助时，也可采用班级教学的组织形式。

操作的模仿即实际再现出特定的动作方式或行为模式，实质是将头脑中形成的定向印象以外显的实际动作表现出来。模仿阶段要严格要求，遵守定向所确立的操作规范。因此，模仿阶段教学时，强调学生的模仿操作不能离开教师的眼睛，在教学组织上一般采用小组教学组织形式，关键技能甚至要采用个体教学组织形式。

　　整合即把模仿阶段习得的动作固定下来，并使各动作成分相互结合，成为定型的、一体化的动作。它是操作技能形成过程中的关键环节，也是从模仿到熟练的一个过渡阶段，还为熟练活动方式的形成打下基础。整合阶段的教学组织不宜采用班级教学组织形式，但没有必要采用个体教学组织形式，小组教学组织形式是比较有效的。教师应主要关注每个人操作的连续性和规范性。

　　操作的熟练是操作技能最后形成的阶段，是由于操作活动方式的概括化、系统化而实现的。在这个阶段，由于学生的技能已经十分规范，不必关注每一个人的每一个动作，只需要关注学生整体的熟练程度。为了形成学生学习的竞争氛围，宜采用大班教学的组织形式。

　　3. 项目教学的组织

　　项目教学的开展，通常会经过项目开发动员、成立项目开发小组、编写项目开发计划书、实施项目计划书、项目评估、项目总结等阶段，在每一阶段需要采取有针对性的组织形式。

　　在开发职业教育课程的教学项目之前，教师需要积极动员学生参与到教学项目的开发过程之中，同时，要让学生对本教学项目的开发意义与流程、实现本教学项目所需具备的知识与技能、本教学项目完成后的考核办法等进行全面的了解。对此，教师可以采用班级教学的形式，通过案例展示的办法让学生对本教学项目的相关内容进行认知，并进一步激发学生参与项目的兴趣及积极性。

　　在开发职业教育课程的教学项目时，教师除了要积极引导学生参与到项目开发之中外，还要成立科学的教学项目开发小组。

　　在成立教学项目开发小组时，要充分依据班级的人数、教学项目实现的难易及教师的实际教学水平、学生的个人能力发展状况等。同时，在每一个项目开发小组中要选出一名组长，负责在教师指导下对本小组的项目开发计划书进行编写、对本小组成员的工作任务进行分配、对工作任务实施情况进行监督等。形式上是小组教学，实际上为了培养项目组长的领导、组织、沟通能力，培养承担不同角色的项目组组员的能力，教师应采用个别教学组织形式，针对学生扮演的角色进行个别性教学指导。

　　项目计划书的编制，需要教师讲解项目计划书的格式、内容、编制方法等。这属于信息传递和知识学习，为了提高教学效率，教师应采用班级教学组织形式和讲授教学法。

项目实施阶段是项目教学法实施的核心环节。在此阶段教师要及时恰当地对学生进行指导，解决学生遇到的难题，并督促学生按时按量完成项目计划书中的各个开发环节，以保证学生能够顺利地在计划内完成项目的开发，达到教学目标。为了培养学生的团队意识、合作能力，教师不宜采用针对个别学生的个别教学组织形式，可采用针对项目小组的个别教学组织形式，这一点与任务教学组织中完成任务阶段教学的组织形式是相反的。

项目完成后要进行项目评估和总结，通常由分组讲解、展示项目开发成果，学生评价和教师评价构成。项目总结包括思路总结和技巧总结。思路总结可以帮助学生明晰项目完成的最佳思考方法。技巧总结中，要重视各个开发环节中遇到的难题的解决方法的总结，这样，学生才能学到更多的操作技巧，全面吸收整个项目活动的精髓。另外，教师应该指导学生对项目进行拓展和延伸，针对学生以后可能遇到的类似问题能够想到用该知识进行解决。这里，无论是小组展示、学生的评价、教师的评价，还是项目总结都应采用班级教学的组织形式。

4. 岗位教学的组织

岗位教学一般称作岗位实训，它是学生系统了解企业生产过程、理解企业生产制度、把握职业岗位职责、理解企业劳动制度、熟悉设备的功能与性能、掌握设备操作规程的有效手段。其过程一般包括明确岗位实训目标、系统理解职业岗位、履行岗位职责、形成良好的职业习惯。在对岗位教学进行组织时，可以运用以下三种组织形式：

第一，工业中心教学组织形式。工业中心、实训车间、教学工厂等，都是通过建设一些车间，将一些典型的工作岗位集中到一起，从而形成巨大的岗位教学资源。学生根据自己的时间安排和需要，经教授自己课程的教师同意后，到工业中心领取工装、工具、材料和必要的安全装备，到岗位自行进行训练。

第二，影子岗教学组织形式。在企业挑选典型岗位的优秀工作人员，将学生安排到优秀工作人员身边，像他们的影子一样，通过协助他们工作，学习他们的优秀职业特质。这是一种十分有效的培养高级技能型人才的教学组织形式。

第三，工作岛教学组织形式。在企业选择一些典型工作岗位，由师傅、教师、学生组成工作小组，负责这个岗位的工作，这便是工作岛教学组织形式。在这种教学组织形式中，师傅在教师和学生的辅助下完成工作任务；教师在师傅的帮助下完成教学任务；学生通过工作完成学习任务。学生进入工作岛学习的前提是其已完成了技能学习、任务学习和项目学习，具备了上岗学习的能力。

（二）职业教育教学的管理

1. 职业教育教学的课堂管理

课堂是学校最基本的教学单位，学校要完成的教育教学工作都要通过课堂去实现。因此，在开展职业教育教学管理工作时，必须做好课堂管理工作。职业教育教学课堂管理是一种协调和控制的过程，是管理的一种特殊形式，是指教师在教学活动中有目的、有组织地通过协调课堂内各种人际关系，吸引学生参与课堂活动，使课堂情境达到最优化，从而实现预定教学目标的过程。

（1）职业教育教学课堂管理的目标

职业教育教学课堂管理的目标：第一，确保有更多的时间用于知识学习，即要保证课堂学习时间的有效使用。第二，确保有更多的学生投入学习活动。第三，培养学生学会自我管理，即使学生能良好管理自己的学习、情绪和行为。

（2）职业教育教学课堂管理的策略

有效的职业教育教学课堂管理可以调动学生的学习积极性，引导学生投入学习情境中。为此，教师在开展职业教育教学的过程中需要采取以下有效的策略。

①明察秋毫。明察秋毫就是指教师使学生知道，他注意到了课堂里发生的每一件事，没有漏掉任何一件事。善于"明察秋毫"的教师会尽量避免被少数学生吸引或只与他们交流。他们总是扫视教室，与每个学生保持眼光接触。这样，学生就会知道他们一直在受教师关注。这些教师知道是谁在捣乱，甚至在板书时也能意识到背后发生的事情。他们能预防小面积的捣乱慢慢演变成大面积的混乱，并且能准确地处理当事者，不会犯"时机错误"（等很长时间才进行干预）或"目标错误"（谴责错了其他学生，让真正的肇事者"逍遥法外"）。

②变换管理。变换管理是指教师采取适当而灵活的进度并多样化变换。有效的教师在课堂教学中能够避免教学内容或教学环节的突然过渡，他在处理各个教学环节方面表现得灵活而不生硬。例如，教师不会在赢得学生注意之前就宣布一个新的活动，或者在一个活动中间开始另一个新的活动。有效的教师会通过各种方式，如表情、手势、语气、走动、言语等引导学生的注意力，以完成新任务。

③一心多用。一心多用指同时跟踪和监督几个活动。这一方面的成功，同样也需要教师不断地监控全班。例如，当教师不得不检查个别学生的作业时，还会关照到其他的学生，并督促他们继续学习，使他们仍然维持在学习的状态。一心多用要求教师不仅考虑自己的活动，还要关注学生的反应和正在进行的活动。

④整体关注。整体关注是指教师使尽量多的学生投入适当的班级活动中。在课堂上，教师应避免把注意力集中在一两个学生身上，要尽可能使所有的学生都有事可做。例如，教师可以要求每个学生写出某个问题的答案，教师在班上走动，了解所有学生对知识的理解和运用。

2. 职业教育教学的质量管理

为国家经济社会发展培养高素质的技术应用型人才是职业院校的最根本任务，人才培养的质量关系到职业院校的生存发展，也关系到国家经济社会发展能否得到有力的技术人才支持，而教学质量是决定职业院校人才培养质量的最关键因素。因此，在职业教育人才培养工作中，教学质量管理工作具有非常重要的意义。

（1）职业教育教学质量管理的原则

在开展职业教育教学质量管理工作时，应切实遵循以下四个原则：

①内外结合原则。要实现职业教育的培养目标，职业院校必须实行开门办学，开展校企合作，将企业的人力资源和设备资源充分利用到人才培养的过程之中。教学不应局限在学校的教室，也可以到企业的车间去；教学的老师不单是学校的专任教师，还应该有企业生产一线的技术能手。同时，职业教育教学质量的提高离不开学生包括毕业生对教学工作的建议和意见，离不开家长和社会各界的积极配合。可见，只有学校、在校学生和用人单位、毕业生、家长、社会各界内外两方面一起努力，才能造就一大批具有良好职业道德、创新精神和实践能力的高素质技能型人才。因此，职业教育的教学质量管理应该建立以学校和在校学生为主体的内部管理系统，同时，还应建立以用人单位、毕业生为主体，家长和社会各界参与的外部支持系统。双管齐下，推动职业教育教学质量的不断提高。

②参与性原则。在开展职业教育教学质量管理工作时，教学质量管理部门必须充分调动相关部门和人员的积极性与创造性，并将质量责任落实到每一位教师和员工，使大家都参与到人才培养和教学质量管理中来。全员参与是指所有为提高教学质量所涉及的学校内部、外部人员和学校各级管理组织都要参与到教学质量管理过

程中来。学校要通过加强宣传，建立健全制度，使各个部门、教学的各个环节，以及每个成员都增强质量意识，围绕着培养高素质专门技能型人才这个共同目标，积极参与，严格把好各自的质量关，才能提高教学质量，提高人才培养质量。

③创新性原则。职业教育是与社会经济发展联系最为紧密的一种教育类型，而在现代社会产业行业结构和技术结构的调整速度之快可谓空前。社会经济结构的变化必然使职业教育的政策环境、劳动力市场和办学条件发生变化，这必将带来职业教育专业结构、人才培养模式和目标、教学内容等方面的变化，相应地，教学质量管理的模式和方法就需要改革创新。

④就业导向性原则。以服务为宗旨、以就业为导向是中国职业教育发展的大方向。职业教育在很大程度上就是一种就业教育，"使无业者有业，使有业者乐业"应该是职业教育的最终目标。毕业生就业率是职业教育教学质量的最终体现。因此，职业院校在教学质量管理中要关注区域经济发展的要求，根据各专业人才培养规模变化、就业状况和供求情况，主动适应区域、行业经济和社会发展的需要，根据学校的办学条件，调控与优化专业结构布局，创新培养模式；要积极与行业企业合作开发课程，根据技术领域和职业岗位（群）的任职要求，参照相关的职业资格标准，改革课程体系和教学内容。建立突出职业能力培养的课程标准，规范课程教学的基本要求，提高课程教学质量。改革教学方法和手段，融"教、学、做"为一体，强化学生能力的培养，提高毕业生质量，努力实现高就业率。

（2）职业教育教学质量管理的内容

职业教育教学质量管理，包括以下四方面的内容：

第一，教师教学工作质量管理，包括师德师风、职业教育观念、教学效果、教研能力等方面的状况。

第二，学生学习质量管理，包括学生的思想道德水平、公共文化基础、专业知识和技能及自我学习、与人交往、心理调适等方面的状况。

第三，教学资源质量管理，包括教室、实训场地和设备、教材、图书资料等满足教学需要的状况。

第四，教学组织和管理质量管理，包括人才培养方案、课程标准、课程安排表的科学性；课堂教学和实践教学环节的组织和管理的科学性；教学评价的组织和管理的科学性、有效性等。

第四章
高职教育实训基地建设与管理

第一节　高职教育实训基地的分类

一、实训基地的概述

实训基地又被称为实践教学基地，它是实现高等职业教育目标的重要条件之一，其教学基础设施与工作状况直接反映学校的教学质量与教学水平，其开发与建设的成功与否，是高职教育能否真正培养出适应社会经济发展需要的应用型技术人才的关键。

二、校内实训基地的分类

校内实训基地主要承担高等职业教育日常教学实习和仿真训练，应拥有先进的仪器设备、健全的管理制度，并配备相应的实训指导教师和教材，能够较好地满足教学计划对能力训练的要求。校内实训基地的建设通常分为两种类型：一种是生产性的实训基地；一种是非生产性的实训基地。

（一）生产性的实训基地

1. 校内生产性实训的定义

校内生产性实训是指"由学校提供场地和管理，企业提供设备、技术和师资支持，校企合作设计和系统组织实训教学的实践教学模式"。该定义认为校内生产性实训是校企双方利用各自的优势联合在校内建设的适用于实践教学的一种教学模式。校企联合共建并非校内生产性实训的本质特征，校内生产性实训所强调的：一是实训教学的生产性特点，二是在校内进行的实践教学。校内生产性实训基地可以是学校自身投资建设，也可以是学校与政府、行业、企业联合共建。从政府导向和未来发展趋势看，联合共建是校内生产性实训的发展方向，因为它有利于充分发挥各方的优势。

基于对校内生产性实训本质特征的认识，人们将校内生产性实训界定为：高职院校充分利用自身的优势，独自或与政府、行业及企业联合，在校内建设具有生产功能的实训基地，通过生产产品、研发技术、服务社会等生产性过程，实现经济效益，并在生产过程中培养学生的实践技能，提高学生的综合职业能力的一种实践性教学模式。校内生产性实训不但为师生创造了真实的职业环境，还可以利用其创造的经济效益购置设施设备、改善教学条件、加强技术研发等，这样就变消耗性实验实习为创造效益的生产经营活动，为实训基地的可持续发展奠定了坚实的基础。

2. 校内生产性实训的特点

第一，由高职院校按照新的高职教育理念配置教育资源创设的实训条件。这种实训条件的建设可以通过共建的方式来完成：由院校提供场地（土地、建筑、能源等基础设施条件及管理人员、管理机构），企业提供设备、实训师资、生产任务、技术标准、原材料等，这样院校减少了设备、师资的投入和原材料的消耗及真实生产实训环境的其他建设投入，企业减少了征地、基本建设、配套设施的投入，获得低成本的劳动力和技术研发的合作伙伴，缩短了项目从投资到投产的周期，是一种生产要素和职业教育要素优势互补、资源配置效益最大化原则的具体实现和直接应用。

第二，是校企合作实施的基于工作过程的职业教育的重要环节，是对传统培养模式的一种全面革新。①院校进行教学管理，企业进行生产组织，教学与生产交替实施，训练、生产一体化；②实训的内容以企业生产任务为中心，具有任务明确性、训练全面性、内容生产性、产品应用性的实践特点；③改变按照专业、年级、班级管理的常规模式，按照生产要求建立生产组织管理模式；④不是纯消耗性的技能操作重复训练或模拟，而是有产品质量标准要求，可计算出经济效益、顶岗操作的实际工作或部分有偿劳动；⑤在真实的生产环境、企业文化和职业体验条件下，按真实的生产要求生产真实的产品；⑥实施按照企业的管理标准、产品的质量标准、效益的评价标准、项目的训练标准进行多维度的考核。

第三，按照市场经济规律建立保障性机制。校内生产性实训基地是遵循市场经济规律和教育规律建设的，即按照生产要素和教育要素的配置方法，追求多赢的目标，因而形成了协调、持续的保障性机制。一是有利于学生，体现以学生为本的育人理念。只有在这种真实的生产环境中才能体现"学生校内实习与实际工作的一致性"，才能最有成效地培养、提高学生的职业技能和综合职业素质。同时，由于一些生产性实训还会给学生提供部分补贴，因而提高学生的自立意识、自立能力和成就感。二是有利于高职院校的全面、协调、可持续发展。高职院校高水平实验场地等基础设施的长期利用，降低了设备的投入成本，减少了实训教师和生产组织管理人员的人力投入，提高了办学的方向性、目的性和实效性，解决了严重制约人才培养质量的实训条件问题。高职院校可以用更多的精力和更大的财力投入新型课程建设与教学改革，全面提高办学水平和人才培养质量，更高程度实现职业教育的社会服务功能。三是有利于企业的发展。企业减少了对基础设施的投入，大大缩短了投资周期，得到了成本较低的劳动力。如果发展校企对人才的"订单培养"，更为企业减少了培训成本的支出，并提供长期有力的人力资源保障。四是有利于社会的发展。这种生产要素与教育要素的科学合理配置实现了以最小的投入实现最大效益的原则和目标，减少物资、资金及其他要素的浪费，是建设节约型社会的一大创举。同时，真实的生产环境能培养学生较强的职业技能、职业素质、劳动意识、质量意识、责任意识，使其有更明确的职业目标和更强的职业发展动力，有利于实现培养有良好职业素养的高技能人才的目标，为经济发展提供技能人才支持。高水平的职业教育作为社会发展的重要领域，也是社会发展和进步的重要标志，因此，可以说社会效益是校内生产性实训产生的最重要的效益。

3. 校内生产性实训基地建设原则

校内生产性实训基地要营造真实的职场环境与职场氛围，必须具备与生产、建设、管理、服务第一线相一致的"职业环境"。在生产性实训基地建设中要注重相关要素的建设，遵循建设目的明确性、人才培养系统性、教育资源开放性、实践环境真实性、服务地方发展的原则，牢固地贯彻以人才培养为根本目的、以学生实践能力的提高为核心、以实训资源开放共享为基础的思想，建设与行业企业实际高度一致的实训条件，充实和提高实践教学师资队伍、提高实践教学质量，正确处理生产性与教育性之间的关系，实现教育资源利用最大化和产出效益最大化。

（二）非生产性的实训基地

非生产性实训基地常称为模拟仿真实训基地，是指用于学生实习实训的场所，不具有产品生产的性质和功能。

1. 非生产性实训基地的类型

这类实践教学基地的建设是由于各种原因的限制使学校不能在校内建立起具有生产性质的实训基地，通常包括以下三类。

（1）受法律法规限制

由于一些专业面向的岗位的特殊性，比如，金融、保险、法律类等。这些专业实训只能通过购买相关教学软件，建立虚拟企业，通过仿真模拟进行实训。比如，金融类专业建立财政模拟实训室、证券投资模拟实训室、税收模拟实训室等；保险类专业建立保险业务模拟实训室；法律类专业建立法庭模拟实训室等。

（2）受资源投入限制

有一些专业，如航运类专业、电子电路类专业、医学护理类专业、土木工程类专业等，这些专业要建立生产性实训基地，需要投入巨大的建设费及后期的实训费，因此，受学校的资金、技术、人才、土地等资源投入的限制，使得这类专业的实训基地建设只能通过考虑计算机软件仿真模拟的形式或设备实物、物理模型来模拟生产现场。

（3）实训内容的特殊性

由于学生实训内容的特殊性，只能通过建立模拟仿真类实训来解决学生技能训练的问题。学生实训的特殊性一部分是由于实际的活动难以在学校复制，如国际贸易活动中的许多业务流程、企业市场营销活动、电子商务活动、会计审计、导游活动等。因此，这类专业只能通过建立模拟实训进行大量的操作训练。

2. 非生产性实训基地的特点

非生产性实训基地具有下列主要特点。

第一，聘请知名企业的管理者成立专业教学指导委员会，提供企业对人才规格需求的信息，共同进行职业分析、工作分析、能力分析，与行业、企业联合开发课程，确定统一教学计划、培养目标、教学大纲及实训计划、实训大纲。

第二，建立师生双重身份制。教师兼有公司机构中管理者身份，学生兼有被公司雇用职员的身份。这种模式的意义在于最大限度地发挥学生的主体性作用，促进学生技术知识和实践能力的养成。这种模式中强调师师合作、生生合作和师生合作，将教学活动定位为一种互动的复合活动。

第三，改革实践教学方法和手段，由模拟型向实战型教学转变。把模拟型的实训教学改革成为同企业管理运作相一致的教学。这样既培养了学生的市场运作能力，又避免了单纯消耗性实习的弊端，节约了大量的实习经费。

第四，培养学生综合职业能力，同时注重个人品质在职业活动中的作用。人际交往与合作共事的能力，组织、规划、独立解决问题与创新能力等作为职业能力的重要构成要素。

第五，具有终身教育、创业教育的特性。"模拟仿真"的教学既适用于职业技术的学历教育，也适用于成人上岗、转岗培训和技能提高的终身教育。

3. 非生产性实训基地建设原则

非生产性实训基地是行为导向教育哲学思想的具体体现。在教学中，行为导向意味着在整个教学过程中，创造出教与学和师生互动的社会交往仿真情境。在这种情境中，他们通过反复练习，进而形成自然的、符合现实经济活动要求的行为方式、智力活动方式和职业行为能力，即在专业能力、方法能力、社会能力和个性方面得到发展。这种实训基地模式的效果已经得到了实践的验证，如德国最新的"办公学校"模式、丹麦的"模拟公司"等。它们的共同特点都是首先创造一个真实的职业环境。

在这些模拟实训基地的建设中，应注重真实职业环境的建设，在实用技能的训练设计方面努力"贴近一线的生产、技术、工艺"，从设备、厂房建筑、工艺流程、管理水准、人员配置和要求、标准化以及质量与安全等方面模拟或接近职业环境，使学生进入实训场地就能感受到一种职业的氛围。

第二节　高职教育实训基地的建设模式

面对社会的竞争，校内实训基地必须打造并形成自己的基地品牌。纵观西方近百年的职业教育，无论是德国的"双元制"，还是美国的"合作教育"等，都把工学结合作为学历教育的重要组成，毕业生之所以受欢迎，得益于他们在校时有一个很好的实验、实训场所做基础，为学生将来从业提供保障。可见，高职院校实训基地的建设，直接关系到能否适应社会需求、能否办出特色、能否培养出高素质高技能有创新能力的人才。

一、政府、企业与社会、学校多方投资共建型

（一）政府、企业与社会、学校多方投资共建型的内涵

政府、企业与社会、学校多方投资共建型是指一部分高职院校的校内实训基地是由政府、企业与社会、学校多方共同投资兴办的。

具体的建设项目、各方投资的比例根据不同情况由各方协商确定。

（二）政府、企业与社会、学校多方投资共建型的特点

在建设主体上，属多方共建型，即学校在特定专业与多家企业或行业、政府部门同时开展合作，分别以不同的形式进行有利于人才培养的校内生产性实训基地建设。

在合作方式上，属自由合作型，即学校有针对性地选择企业、行业协会或政府部门，只要双方有需求，就可以开展各种形式的合作。合作形式相对比较自由，或由学校为主进行建设，或由企业或行业为主进行建设。

在运行管理上，有共同经营型，即校企双方共同出资建设和经营生产性实训基地，基地以企业的名字冠名，如餐饮专业在校内经营餐厅等业务；有任务驱动型，指教师主动收集和获取企业的信息，把某一企业的产品设计要求拿到课堂上来，由学生根据企业的要求进行产品的设计和研发，学生完成设计作品后，由企

业进行评选、认定。如服装、制鞋、家具等专业的学生设计的作品中经常会有部分创意元素被企业采用，有的设计会被企业买断并投入批量生产。

（三）政府、企业与社会、学校多方投资共建型的优点

可以充分利用行业部门、企业的职能、信息、技术、资金等，开展各种技术培训和技术监测，提升实训基地的生产水平。相关利益主体根据各自需求开展合作，形式灵活，见效快，学校主动性也相对较强。

二、校企合作共建型

（一）校企合作共建型的内涵

校企合作共建型是指校企双方通过多种形式在学校内共同建设面向不同专业培养学生相关技能的实训基地。这是一种比较自由的组合形式，校企双方只要有需求，就可以开展各种形式的合作，共建共享校内实训基地。

（二）校企合作共建型的特点

投入的主体是学校和企业，属校企一体型，即校企双方共同投资建设生产性实训基地，实行企业化运作，以企业为主组织生产和实训，学校主要负责管理和理论教学。

具体有两种形式：一种是校企共同体，即学校和企业组建校企共同体——以企业命名的二级学院，开设订单班，校企双方签订人才培养协议，企业全程参与学校的人才培养过程，学校负责理论教学，并提供场地和管理，行业企业提供设备，并选派高级技术人员到学校组织生产和实训。另一种是股份制实训基地，即学校和企业按照现代企业制度，以生产要素股份、资本股份、智力股份的构成，对校内实训基地进行股份制改造或直接建立具有实际生产经营资质的股份制企业，以增加实训基地的自我造血功能，增强滚动发展能力，保证实训基地的可持续发展。校企合作共建型模式主要适用于工科类紧缺专业人才的培养。

（三）校企合作共建型的优点

其优点在于经营管理企业化，产权明晰，学校可以较少的投入赢得企业丰富

的资源，企业的资金投入、设备更新和实训指导均有保障，而且生产功能强、管理水平高，有利于提升实训基地水平。

三、政府与高职院校共同出资建设型

（一）政府与高职院校共同出资建设型的内涵

政府与高职院校共同出资建设型是指以各级政府的财政投资与高职院校自筹资金相结合建立的各级各类校内实训基地。

中央财政的经费主要起扶持、引导和示范作用，目的是鼓励和促进地方加大实训基地建设的经费投入力度，加快基础设施建设，改善学校的办学条件，为经济社会的发展提供高质量的人力资源。

（二）中央财政投入的建设模式

中央财政专项资金支持的职业教育实训基地建设将采取两种模式。

第一种是区域综合性实训基地（建设型大模式）。

按照国家五大经济带分布，与国家西部地区大开发、振兴东北老工业基地、中部崛起等发展战略的要求相配合，通过几年的逐步投入，在职业院校相对集中的中心城市，建设若干投资额度需求较大、设备配备较全的区域综合性实训基地。这种基地应以地方政府为主统筹规划和建设。地方政府对基地建设的日常维护运行要建立保障机制。教育部、财政部只对即将建成的或已建成并符合标准的基地给予奖励、支持。

第二种是专业性实训基地（建设型小模式）。

选择在当地某一专业领域能起骨干示范和辐射作用的职业院校，通过一次性投资，支持建设一批以服务本校为主，又能与周边职业院校共享的专业性实训基地。

（三）地方财政投入的建设模式

政府与高职院校共同出资建设型模式在实际建设中，有这样几种模式：以中央财政投入为主、地方财政投入与高职院校投入为辅，地方财政投入为主、中央财政收入与高职院校投入为辅；学校自筹投资为主、地方财政投入为辅等。

四、学校投资主导型

（一）学校投资主导型的内涵

学校投资主导型是指以高职院校投资为主、以各类政府补贴及企业投入为辅的一种实训基地建设模式。这种模式大多是以学院专业师资、技术专利或校办企业为依托，通过吸引社会各方面的资金建设具有一定的市场前景、能够满足学生实训的基地。

（二）学校投资主导型的形式

学校投资主导型模式包括学校自筹资金、社会赞助、企业捐助等形式。

1. 自筹资金型模式

自筹资金型模式是典型的学校主导型模式。由学校（师生）出资，在设备、管理等方面建立与现代企业相同的生产（经营）性实训基地。广州松田职业学院建立的以商棚为平台的跳蚤市场，以创业园为平台的生产性实习基地，基于校园电商平台为主题的线上、线下一体的生产性实习基地，以及"日日鲜"保鲜蔬菜连锁超市、机电系汽车服务中心、财经系会计服务中心等都属于这种模式。

2. 社会赞助型模式

社会赞助型模式是指企业或企业家、社会知名人士在一定的条件下无偿赞助学校建立相关的实训基地。一些有远见的企业或企业家，为支持学校办学，推广和宣传本企业的产品，会无偿赞助或以半赠送的形式向学校提供该企业生产或营销的仪器、设备等，以企业投入为主建设校内生产性实训基地。一方面，企业通过无偿赞助的形式，树立了良好的社会形象；另一方面，学校培养了一批熟悉该企业和该企业产品及操作性能的专门技术人才，这些人才会成为该企业产品的义务推广者、活广告甚至是忠实的用户；学校还可以为企业提供客户培训、优先推荐毕业生等。比如广州民航职业技术学院用于实训的大中小型飞机、各类发动机均是各民航企业赞助的。

3. 企业捐助型模式

企业捐助型模式是指一些热心慈善事业、热心教育事业或社会知名人士为支持教育事业的发展以无偿捐助的形式帮助学校建立的实训基地。

五、学校独资建设型

在高职院校的实训基地中，有一些实训基地是由学校独立投资建设的。特别是在一些隶属于企业的高职院校和部分民办高职院校中，这种情况较多。

受资金影响，学校独资建设的实训基地通常以模拟仿真实训基地为主、生产性实训基地为辅，建设规模一般不大。

第三节　高职教育实训基地的建设管理

一、校内实训基地建设的前期管理

校内实训基地建设的前期管理主要是指编制实训基地的建设方案。在编制实训基地的建设方案时，须经历校内实训基地建设的分析论证、初步设计、制订方案等流程。

（一）校内实训基地建设方案编制思路

1. 基于职教课程方案

实训基地建设方案的开发，要充分建立在对相关课程理论与课程方案理解的基础上；要依据特定的课程方案来确定实训基地的功能与装备标准。

2. 基于工作体系

以个体职业准备为目标、突出工作岗位需求来培养学习者的各种综合能力，而这些能力的培养必须以具体的行动导向、职业领域、实际情境为基础，突出实践性教学。

强化实践性教学，则必须建设加强职业教育各种实训基地的建设，实训基地建设方案的开发则必须以职业岗位的工作任务为技术手段。

3. 遵循学习规律

基于学习理论，强调知识的建构性、社会性、情境性、复杂性和默会性，强调鼓励知识创新，以培养知识创新人才。

（二）校内实训基地建设方案编制原则

在校内实训基地建设项目方案的拟订中，应坚持以下原则。

1. 实用的原则

校内实训基地必须实用，必须紧贴地方经济发展重点，体现职业能力和技能培养的特点，为各专业学生的培养目标服务，避免追求场地配套上的华而不实，以最大限度地用好有限的资源、经费。

2. 综合的原则

实训基地的建设不能走以前普通高职院校按课程设置实验室的老路，要按专业大类、专业能力和技能的培养主线，形成系列，适用性要强，能进行多学科的综合实训，相关专业尽可能通用，以发挥综合利用的优势。如在建设商务实训中心时，就将法律文秘类和语言类专业的情境实训室有机结合进去。

3. 先进的原则

紧跟时代发展前沿的综合性职业技能训练项目，体现新技术、新工艺，瞄准实际应用型的高技术含量和新技术行业的职业岗位，在技术要求上具有专业领域的先进性，适当考虑超前性，使学生在实训过程中，学到和掌握本专业领域先进的技术路线、工艺路线和技术实际应用的本领。

4. 体现真实职业环境的原则

尽可能贴近生产、建设、管理和服务一线，努力体现真实的职业环境，让学生在一个接近真实的职业环境下按照未来专业岗位群对基本技能的要求，得到实际操作训练和综合素质的培养。

5. 可持续的原则

对资金投入量大、须分步实施、跨年度的实训基地建设项目，应先整体规划，后逐步到位，既满足当前的教学需要，又为以后专业发展和技术升级留有空间，要把可持续发展的思想贯彻到校内实训基地的建设中。

6. 开放的原则

在环境和总体设计上要有社会开放性，不仅可以为校内学生提供职业技能实训，而且能承担各级各类社会职业技能的培训任务，为地方经济发展提供多方位服务，成为对外交流的窗口和对外服务的基地。

（三）校内实训基地建设方案编制路径

1. 分析论证

分析论证是进行实训基地建设的可行性研究。可行性研究是确定建设项目前具有决定性意义的工作，是在投资决策之前，对拟建项目进行全面技术经济分析论证的科学方法，在投资管理中，可行性研究是指对拟建项目有关的自然、社会、经济、技术等进行调研、分析比较，以及预测建成后的社会经济效益。在此基础上，综合论证项目建设的必要性、财务的盈利性、经济上的合理性、技术上的先进性和适应性，以及建设条件的可能性和可行性，从而为投资决策提供科学依据。这里的可行性研究主要弄清实训基地建设的必要性和可能性。

2. 初步设计

初步设计是在分析论证的基础上，根据院校的实际情况确定相应的设计观念、设计目标，根据教育基本原理和专业特点确定拟建实训基地的设计方案。进行初步设计时，要充分展现实训的职业环境、工作和生产经营流程与企业文化；所用设备和技术在相应领域内具有一定的超前性、前瞻性，并充分体现国家化原则，体现职业与职业教育的发展趋势。

3. 制订方案

制订方案是指编制拟建实训基地的建设方案，包括建设方案设计图、资金投资预算、建设进度、保障措施和预期效果等。建设方案制订后，即可进行招标程序。

二、校内实训基地的建设管理

（一）校内实训基地建设原则

按照"科学规划、统筹安排、突出重点、合作共建、资源共享、分步实施"的基本原则进行建设。在建设过程中，应坚持如下原则：

1. 导向性原则

实训基地建设要发挥导向作用，把优质教育资源与行业企业生产有效结合起来，以项目建设的形式完善学院重点专业实训基地建设，通过真实或仿真的职业环境，按照与职业岗位群对接的要求，开展各种职业技能和职业素质训练。做到先进性、真实（仿真）性、实用性、开放性、生产性相结合。

2. 共享性原则

实训基地建设目标定位要准确，综合利用现有资源，最大限度地实现资源共享、辐射周边，充分体现开放性及社会服务功能，使之成为技能型人才的培养训练基地、农村劳动力转移培训的课堂、校企合作的载体、产学结合的平台。

3. 效益性原则

实训基地建设应与学院人才培养规模和市场对技能型专门人才需求状况相匹配，要注重社会效益和经济效益的统一。要创新管理理念，注重开辟新思路、实行新机制、采用新模式，提高实训基地的投资效益，走自主发展、自我完善、自我管理的道路。

4. 持续性原则

实训基地要通过多种途径，提高软、硬件建设水平，增强实践教学和社会服务能力。特别是重点特色专业实训基地，必须高度重视其持续运行能力，要坚持依靠专业办产业、办好产业促专业的原则进行建设，在保证完成实践教学的前提下，创新实训基地管理体制和运行机制，实行专业化生产经营、企业化服务管理，形成管理、运行、发展的长效机制，使其成为集教学、培训、生产、科研为一体的多功能教育实体，确保基地的可持续发展。

5. 动态发展原则

结合专业和师资队伍建设，学院对运行规范、效益良好、示范作用显著、发展前景广阔的实训基地重点发展，支持其进一步提高水平和扩大规模。重点建设专业性、生产性实习实训基地，力争发展成为区域性基地。积极创建、申报省级、国家级示范基地，适时淘汰不适合的基地，实现实训基地的动态发展。

（二） 明确实训目标和任务

各专业在建设校内实训基地时，首先均须明确本专业学生应具备的核心能力，因此既然要投资要建设就要把钱花到刀刃上，所购置的软硬件一定要吻合人才培养目标，在建设初期要深入企业，了解当前企业的技术水平和工人的技能要求，以使所配置的设施设备跟上时代要求。

在明确了各专业的实训目标的基础上，要合理考虑经费的投入，采取分阶段逐项投资的方法，确定实训室的面积、布局、设备的型号、教学软件的种类等问题。

根据专业性质的不同，校内实训室可分为真实场景实训室、虚拟实训室两种。真实场景实训室是指所购进的设施设备是企业真实采用进行生产的设备，可直接进行操作和生产，这种实训室更像校园工厂，但是想建造一个成功的真实场景实训室必须注入巨大资金，因为要考虑场地面积、设备型号、数量等多种现实问题；虚拟实训室是指运用教学软件和设备模型来满足教学要求，教学软件既可是软件公司针对专业特色模仿企业流程的操作软件，也可是企业真实应用的软件，而模型则是列为参观了解的实物，虚拟实训室在一些管理类的专业中应用最为广泛，如物流管理、营销策划、电子商务教学软件的应用，物流设施设备的模型等。虚拟实训室的开发必须依托信息技术和网络技术，要有巨大的数据库的支持。

（三） 明确主干课程实训、专项实训和综合实训

各专业实训教学的展开，首先必须确定专业主干课，每个专业通过对院校调研、专家咨询、毕业生岗位调查等手段来确定主干课。从分析各届毕业生的就业去向、各专业的就业岗位群着手，确定专业的培养目标，根据其相关岗位所需要的专业素质、专业能力和执业技能等要求构筑实训课程体系，展开实训教学。

设置人才培养计划时，需要对这些主干课加大课时量，在课程讲授过程中利用校内实训室对相应的技能进行实训，实现边学习边动手、边理论边实践，从而在学中做、做中学，达到做学结合的目标。

实训不仅包含课程实训，还包括专项技能实训和综合实训。各种实训形式要分阶段、分层次，采用先易后难，从专项到综合，循序渐进的方式进行。

无论何种专业、何种形式的实训，一定要根据企业行业岗位需求，开发各种

实训项目。

（四）科学编著实训文件资料

实训教学要求其教材应及时反映科学技术与行业的发展进步，符合企业对人才的实际需要。

实训文件包括实训教学大纲、制定实训教学计划、实训项目、实训教材等资料。实训文件的编写要在企业有关专家的指导下科学进行，参考一些行业的技术标准。在实训基地内对实训资料和实训教师进行统一安排。

实训教学大纲对于实训的任务、目的和性质应有明确的规定，其对于整个实训任务的实现具有统筹指挥和规划作用。在实训大纲的指导下，对各个课程设置任务，利用任务驱动的方法进行项目化教学，通过每一个具体项目的实施，使学生掌握基本的操作技能，从而达到实训的目的。

所有的实训文件必须与时俱进，不能脱离行业最新形势，必须密切和企业行业的合作，随时更新。

三、校内实训基地建设工程验收管理

实训基地建设项目完成或项目中某一独立环节完成且试运行一段时间后由项目立项人向学院实践教学委员会提出验收申请。

项目验收包括场地设备验收、功能验收和资料验收等。

（一）场地设备验收

场地设备验收主要从硬件上检查场地的改造、装修和设备的选择、型号、规格、数量、安装是否达到立项书和合同的要求。

（二）功能验收

功能验收主要检查是否达到项目建设目标和预期的实训项目，由项目负责人及其成员逐项或挑选演示实训项目，采取一票否决制，即只要有某一项预期实现的实训项目没有成功，功能验收就不合格。

（三）资料验收

资料验收时必须提供：验收申请、项目建设总结；项目申请书；所有合同和资金使用情况表；项目能进行的实验、实训、实习课题清单；项目能进行的实验、实训、实习课题的大纲、指导书；项目能进行的实验、实训、实习课题的实测报告。验收合格后，将上述材料归档，项目整体移交实训处管理。

第四节　高职教育实训基地的日常运行管理

一、校内实训基地的管理体制

（一）学校管理

学校管理模式是指实训基地的土地房产和主要设备由校方投资，按照现代企业制度的要求，实行所有权与经营权分离，即校企分开的管理体制，学校单独设立具有企业性质的实训基地管理机构，或者成立具有独立法人资格的经济实体。学校作为出资主体享有选择管理者、资产受益和做出重大决策等主要权利，保证投资目的得以实现；学校不再直接干预基地的生产经营活动，而是积极引导其走向社会、服务大众，激励其生产的产品或提供的服务参与社会竞争，协助其挖掘潜力、增强活力、提升竞争力。基地作为独立经济实体拥有学校出资所形成的法人财产权，逐步发展成为独立享有民事权利，承担民事义务的法人实体和市场主体，实行自主经营、自负盈亏，对出资者承担资产保值增值责任；基地内部形成责权分明、管理科学、激励与约束相结合的管理机制，激发职工的生产积极性，按照市场需求进行研发、生产、销售、经营及对外合作等活动，同时按照学校要求做好生产与教学科研之间的协调工作，完成学生职业技能训练任务。基地经理人员由学校聘任，享有企业法人代表的所有权利和义务，履行相应的职责，在用工、薪酬等方面与校内教师完全分离。学校采用目标责任制的考核形式，以产生经济效益和完成实训任务为依据，用以考核和评价基地管理部门的实绩；根据其所提供的准确的财务报表，用以考核和评价经理人员的经营业绩和管理水平。

（二）企业管理

企业管理模式是强调企业在校内生产性实训基地管理中的核心地位，校方提供生产场地，企业通常为基地的投资主体，由于其生产规模不大，加上地方中小企业所处的特定环境，所有权与经营权合一的管理体制比较多见，凭借其自身的设备、技术、营销、管理等方面的优势，在保证完成生产任务的同时，发挥学生职业技能训练的功能。企业把整条生产线或一个车间设在学校，可以节省大量资金投入基础设施建设，借助高等职业院校的社会影响力和知名度，极大地提高企业的品牌效应；同时利用学校的科技研发能力和特殊的优惠政策，以及质优价廉的劳动力资源，最大限度地降低生产成本，提高产品竞争力。学校与企业之间必须形成书面协议，明确双方的责任、权利和利益分配，相互约束，共创双赢。协议内容主要体现以下七方面：①企业投入的设备在一定期限内享有使用、经营和管理的权利，到期后产权归学校所有；②学校有偿提供生产所需的水、电等必备资源，在生产、运输、仓储、销售等环节提供方便，协助企业办理相关营业许可手续；③学校每年向企业收取一定的场地使用费或管理费，用于基地建设；④企业必须明确校内基地的生产项目和产品名称，依法经营，自负盈亏；⑤企业在进行生产的同时，须保证有一定数量的工位和规定的时间，用于学生的职业技能训练；⑥安排学校的专业教师参加生产实践，安排能够胜任生产活动的学生参加顶岗实习，并给予适当的劳务津贴；⑦其他事项如确保安全生产、符合环保要求及违约责任等条款。

（三）校企共管

学校与企业共同管理模式是指校企双方本着互惠互利原则，共同出资、协作管理校内生产性实训基地的一种形式。实行股份制是一种比较理想的管理体制，该模式综合了以上两种模式的优点，是目前校企合作管理实训基地的主要途径。校企双方通过契约形式，明确各自的权利与义务，可以设立基地管理委员会，由双方选派代表参与重大经营问题的决策。学校方面积极参与企业职工的技术培训，引导企业进行技术研发、产品更新等工作，协助企业开展科学化管理和运作，提高市场应变能力和竞争力，在提供学生职业技能训练的前提下，遵循循序渐进的原则，进行分层次教学，保证产品质量和经济效益，从而调动企业参与校企合作的积极性，提高基地的生命力和可持续发展。

借鉴现代企业管理制度，建立"董事会领导下的基地长官负责制"管理体制，不失为一种行之有效的模式，其特点是：①产权独立，可以使基地脱离对学校或企业的依附，进行独立经营；②所有权与经营权分离，使经营者专心从事经营，避免发生短期行为；③管理过程更加民主、科学。

二、校内生产性实训基地运行机制

（一）学校与企业合一

校内生产性实训基地运行过程中，学校与企业不是两个并列的机构，而是体现双重功能的同一个实体；通过实训基地这个平台，学校与企业之间是相互依存、相互补充的融合体。

1. 以人才培养为基础，形成动力机制

企业单位在市场经济中的竞争往往体现为人才和技术的竞争，企业所拥有的技术人才和劳动力的数量、质量是决定其生存和发展的重要条件。企业单位通过与高职院校合作，形成长期稳定的人才培养基地，一方面有利于技术改造、产品研发；另一方面能满足企业用工需求，保证工人质量，同时节省人力资源的培训费用，产生经济效益。

高职院校所从事的是为社会培养生产、建设、管理、服务第一线技术应用型专门人才和熟练劳动者的职业教育，校内生产性实训基地通过引进先进完整的设备、产品生产、实训指导师傅、企业管理模式、职业文化氛围等软硬件设施，提升学校的办学水平，增强办学活力，使学生在产品生产中进行真枪实战，提高职业能力。

2. 以基地为中心，形成共建共管机制

校内生产性实训基地的运行必须充分调动校企双方的积极性，在制订基地建设规划之初，学校要主动邀请企业人员参与讨论，广泛征求企业专家的意见，充分体现企业方面的意愿，明确基地建设目标。对于某一个基地建设，可以由校企双方共同制订方案，共同参与方案论证，共同承担建设费用，共同分担运行成本。在基地运行过程中，成立由校企双方人员组成的独立机构，共同参与管理，例如共同制定规章制度、产品质量标准和生产流程，共同制定教学目标、教学计划和教学大纲，共同编写实训教材，共同承担训练任务等。

（二）实训与生产同步

校内生产性实训基地的运行模式突出实训与生产同步进行的特点，在实训的同时进行着生产，在生产的过程中进行着实训，两者不分时空，有效地避免了教学与实习脱节、实训与生产脱节的问题，有利于培养学生的职业技能。

1. 健全规章制度，保证基地顺利运行

根据校内生产性实训基地的特点和定位，必须建立健全一整套规章制度，主要包括以下五方面：一是综合类制度，如《校内生产性实训基地管理条例和细则》《校内生产性实训基地工作目标考核办法》《校内生产性实训基地工作常规》等；二是行政工作管理制度，如《会议制度》《行政值班制度》《教职工考勤制度》《采购制度》《财务管理制度》等；三是教育教学常规管理制度，如《学生学籍管理办法》《教学工作规程》《教学质量管理制度》《学生学分制实施办法》等；四是实训管理制度，如《生产性实训管理制度》《生产性实训安全文明管理制度》《生产性实训考核制度》《生产性实训教学检查制度》《校内生产性实训设备管理制度》《校内生产性实训工具、量具使用管理制度》等；五是其他相关制度，如《仓库管理制度》《易耗品领用制度》等。

2. 建立质量保障体系，保证基地实训教学

校内生产性基地质量保障体系应由基地内部质量管理、政府质量监控、行业企业质量评价三方面共同组成，其中基地内部质量管理是核心，通过建立质量管理体系，加强对生产性实训的管理，确保实训教学质量，培养高质量技能型人才；政府质量监控是导向，政府通过各类评估及对技能等级证书和职业资格证书等的审核发放，达到对生产性实训基地的间接掌控；行业企业的质量评价是主要依据，因为行业企业评价完全根据真实职业岗位所需要达到的技能要求进行严格把关，培养出的学生能够适应企业需求，说明实训教学质量达到要求。

（三）育人与盈利双赢

企业须转变观念，由关注用人转变为关注育人，从订单培养向全程参与延伸。学校须强化市场意识，挖掘身边资源，采取多途径、多方式积极寻求企业合作。校内生产性实训基地一方面是一个教学场所，通过科学有序地指导学生实训，达到培养社会所需要的技能型人才的育人目的；另一方面也是一个企业，通过生产产品盈利和培训社会员工盈利，达到创收的目的。运行的结果既使学生学到了技能，又使基地获得了经济效益，真正实现了育人与盈利双赢。

1. 以学生为中心，实现全方位管理

校内生产性实训基地最终目标就是为了更好地培养出高素质技能型人才，教学环境和训练方法的改变，最终目的是把学生培养成一个符合时代要求、为企业所欢迎的有用人才，因此基地运行过程中要注意调动学生积极性，帮助学生树立自信，进而激发学习动机。校企双方必须坚持以学生为本的思想，从"以物为中心"转变为"以人为中心"，从"监督管理"转变为"自主管理"，从"纪律约束"转变为"措施激励"，进而培养出能够适应生产实际所需的知识、能力、素质和个性发展要求的人才。

2. 以效益为先导，体现互惠互利原则

学校与企业长期顺利合作的关键是能否真正体现双方的利益。学校要为企业提供合适的生产环境、提高企业的研发能力、减低企业的生产成本、输送合格的员工，使企业规模不断壮大，生产设备不断更新，生产工艺日趋先进，从而促使学校采用更加先进的教学手段和方法，不断更新教学内容，以培养出为企业所需的高素质技能型人才，使学校的教学水平不断提高。同时一大批具有高素质、强能力、技术娴熟、适应快的优秀毕业生充入企业，改变了企业职工的结构，提高企业职工的整体素质，使企业增强了参与市场竞争的能力，也直接为企业的发展产生了效益，实现双赢。

校内生产性实训基地的建设和运行，真正实现了教学内容与生产实际的零距离对接，让学生感受到真实的职业环境，它所形成的"教室与车间合一，作业与产品合一，教师与师傅合一，学生与学徒合一"运行模式，是职业教育技能型人才培养的新型模式。

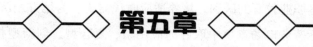

第五章
高职教育管理体制创新和改革实践

第一节　高职教育管理体制创新理论

体制创新内容应包括三个方面：一是提升对市场应变能力的体制；二是增强内在的发展动力的体制；三是调动人积极性的体制。高等职业教育的管理体制创新，应想方设法最大限度调动与办学相关各方的积极性和创造性，增强办学活力，提高人才培养质量，形成政府主导、行业指导、企业参与、公办民办共同发展，能促进高等职业教育良性发展的多元化办学体制。

一、职业教育管理体制创新的基本理论

（一）高职院校管理体制的含义

要明确高等职业院校管理体制的含义，首先必须弄清楚高等职业教育的含义，必须弄清它与高等教育的关系。高等职业教育与人们平常所说的普通高等教育在逻辑关系上，是都从属于高等教育体系的互为补充的两类教育，二者具有类别之分，不应成为层次之分。高等职业技术教育界定为：由高等学校和高等教育机构实施的旨在培养高级技术技能人才的高等教育。在界定了高等职业教育后，对高等职业院校管理体制含义的把握就有了一定的方向，可以根据高等教育管理体制的定义来定义高等职业院校管理体制：为实现高等职业院校的办学目标而设置的高等职业院校的组织结构、权限划分及其相互关系和运作方式。它是高等职业技术教育的微观层面，是高等职业院校的内部管理。而宏观层面的高等职业教育管理体制指的是政、行、企、校之间的关系。在理解高职院校管理体制的含义时，必须明确高职院校的办学目标，实则是要明确高等职业教育人才培养与普通

高等教育及中等职业教育的区别。培养适应时代需要、为地方经济发展服务，能够在国内和国际劳务市场竞争中取胜的应用型、复合型、创新型技术技能人才，这是高等职业教育的根本任务和基本办学目标，也是高等职业教育的生命力所在。

（二）高职院校内部管理体制创新的基本理论

高职院校管理体制实质上就是解决高职院校如何有效运转的一种组织模式，可从理论上概括为四个方面的内容：一是管理体制，推动高职院校各个管理层次、各个环节协调有效运转，以达到预期目标的客观推动力和约束力；二是组织机构，对高职院校各项活动进行组织管理的单位及人员配备，是各项管理职能的具体承担者；三是管理制度，是对管理机制、管理原则、管理方法及管理机构设置的规范；四是管理方法，是具体的管理手段和措施。高职院校内部管理体制创新是一个系统工程，要对现行管理体制中不适合高职院校发展和不合理部分改进、完善和创新。同时，它相对于国家宏观教育管理体制改革而言，是宏观教育体制改革内容的有机组成部分，需要在宏观改革措施的引领和指导下实施，不得自说自话、我行我素。

1. 管理机制的创新

深化高职院校内部管理体制改革，就是要将与社会主义市场经济体制相适应的机制引入高职院校人事管理、招生管理、教学管理、科研管理的方方面面，市场机制和竞争机制的引进，就是要高职院校实行开放式管理，与社会、与市场广泛联系，主动适应社会经济发展的需要；就是要高职院校努力提高自身的竞争实力和应变能力，保证在竞争中求生存和发展；就是要高职院校内部建立起优胜劣汰、奖勤罚懒的有效机制和手段。

2. 管理机构的重组

随着高职院校法人地位的确立，政府对高职院校的管理职能逐步转变，由直接行政管理向运用立法、拨款、规划、信息服务、政策指导和必要的行政手段进行宏观管理转变，由此，高职院校自我运行的独立性越来越得到体现，这就对高职院校的决策和管理提出了更高的要求。

（1）科学决策是保证高职院校改革成功和取得良好效益的关键。高职院校要建立起科学的决策机制，需要实施战略管理，一切决策要着眼于全局和长远；需要切实落实目标责任制和岗位责任制，高层、中层、基层奖惩职责分明；需要采取科学的决策程序和方法，避免领导意志和主观臆断。

（2）组织架构关系到高职院校能否真正实现转换机制、提高效率、增强活力的目的。高职院校应建立起二级学院为办学主体的校、院、室三级管理体制，强化二级学院的主体功能，将责权利向主体位移，有利于去行政化，激发办学主体的活力，也有利于实现学校对师资、教学、科研等工作的统筹规划、全面安排，形成统一的协调整体。

（3）精简机构，改变过去那种按党、政、群团分别设置管理机构的办法，转为按管理职能设置管理机构的办法，即按教学、科技、学生、后勤服务、人事组织等系统设置相应的管理机构，对职能相近、业务交叉的管理机构进行合理的撤、并、合和调整，减少管理层次，压缩管理干部队伍，人事政策向教学和科研一线倾斜，保证管理水平、工作效率和办学效益不断提高。

3. 管理制度的创新

建立、完善和创新各项管理制度是深化高职院校内部管理体制改革顺利进行和取得预期效果的根本保证。主要做好基础管理和建立新的规章制度两个方面的工作。基础管理工作包括定编、定岗、考核、统计、信息等工作，它是实行科学化、规范化管理，提高工作效率必不可少的工作。建立健全与改革相配套的各项规章制度，就是要对过去执行的规章制度进行清理，废除与目前形势和学校发展不相适应的规章制度，各项制度要相互配套、互相促进，这是深化改革的基础。

4. 管理方法的创新

（1）实行目标管理

高职院校要改变过去计划经济体制下形成的那种层层控制、重过程轻效果的管理模式，由行政管理模式转为目标管理模式，实行领导干部任期目标责任制和工作人员岗位目标责任制，层层分解和落实责任，严格考核，克服过多的束缚基层手脚的过程干预，调动各级各类单位和人员的积极性，增强活力，从而保证总体目标的实现。

（2）实行分类管理

根据管理与办学分开的原则，对教学科研、学生管理、后勤服务等不同单位和特点采取不同的管理方法，分别建立各自管理模式、不同系列的职能和运行机制，改变过去计划经济体制下形成的单一行政管理方法。对基地、工厂、后勤社会化服务单位采取企业化管理方法，对教学、科研单位采取经济与行政相结合的管理方法，从而提高管理的针对性和有效性。

二、中国高等职业教育管理体制创新构想

（一）高等职业教育管理体制创新的必要性

体制创新就是要建立起适应从工业文明向信息文明转变发展需要的、高知识起点和高技术含量的现代职教体系。"双元制"再好，但也毕竟是工业革命时代的产物，是训练技术含量低的熟练操作技能能手，随着人工智能技术的加速发展，这种重复性操作劳动都将被机器所替代，"双元制"也终将被改制或重组，职业技术教育的"二流性"也终将被与其他教育类型平起平坐所代替，这是职业教育发展的必然趋势。

（二）中国高等职业教育管理体制创新的构想

1. 完善相关法律、法规体系

中国在《教育法》的基础上，相继颁布了《职业教育法》《教师法》《社会力量办学条例》《就业准入制度》《中外合作办学条例》《继续教育条例》等法律法规，在规范职业教育的发展方面发挥了有效作用，但仍然需要结合自身情况，制定具体的实施细则及相应的地方落实性法规。完善立规后，需要充分利用各种媒体、自媒体等舆论工具加强宣传，提高国民对高等职业教育与社会发展的关系、职业教育的就业功能、职业教育社会地位重要性等问题的认识，提高职业教育对于层次定位、社会定位、经济建设，满足市场对人才的需求、功能定位（培养应用型人才）的理解；在统一战线的基础上，管理部门须明确高等职业教育管理体制各个环节的职责与任务，开展教育督导，保证职业教育法规的贯彻执行，老百姓知法懂法遵法，从而形成一个重视并有利于高等职业教育改革与发展的社会生态。

2. 贯彻"以人为本"的教学理念

教育教学中的"以人为本"就是"一切为了学生，为了学生的一切，为了一切的学生"以学生为中心的原则，未来教育最高境界是尊重学生个体差异，发展学生个性特长，挖掘学生潜能，发挥学生学习的自主权，确立学生在认知过程中的主体地位。高职教育应由"应试教育"向"素质教育"转轨，应由"强调教育"向"重视服务"转变，服务于学生，服务于经济社会，把社会目标与个性目标相结合，培养职业性人格素质，培养学生的创新精神和创新能力，以人才的多种规格适应社会对人才的多种需求。

3. 大力推进"订单培养"模式

"订单培养"就是学校根据与企业、与学生签订的合同确定教育目标，与企业一起培养企业所需要的人才规格、知识技能结构，企业可以深入参与到学校的课程设置、教学内容和学习成果评估等方面，从某个岗位群出发，企业为学校进行职业分析，明确支撑职业或工作所需的知识与技能内容。这种模式因企业的一张"用人"预订单，而把企业与高职院校紧密联结，成为涵盖整个教育流程的一整套培养安排。这种模式恰好吻合了高等职业教育职业定向性的本质特征，提前解决了高职学生的就业问题。

4. 探索办学形式多元化

根据《职业教育法》，职业教育的范畴包括职业学历教育与非学历教育，非学历教育是终身教育理念的载体，在终身教育思想引领下，高等职业教育由"终结教育"发展为"终身教育"，通过实施现代远程教育、技术资格等级证书培训、合作办学等，最大限度地统筹使用教育资源，走校企合作、校际合作、国际合作的道路，实现优势互补，产、教、研紧密结合，按"上岗—培训—再上岗—再培训"的模式进行培训，给不再具有学生身份的从业人员的终身学习提供机会。同时，高职院校积极探索"公有民办""民办公助"股份制等多元化办学模式，进一步盘活教育资源。

三、高职院校的柔性管理体制

柔性管理是 20 世纪末期诞生的新型管理理论思想，柔性管理从本质上说是一种对"稳定和变化"进行管理的新方略，其特征是：内在重于外在，心理重于物理，身教重于言教，肯定重于否定，激励重于控制，务实重于务虚。柔性管理是一种倡导企业主动适应变化的管理思想，它和柔性制造系统、人本管理、权变管理有共同之处，但有本质区别。柔性管理的目标是追求企业的整体柔性，包括人员柔性、组织结构柔性、企业文化柔性等。实现柔性管理要以顾客要求为导向，以企业再造为手段，以学习型组织为目标，以信息化为基础。

（一）高职管理选择柔性管理的必要性

柔性管理思想诞生于后工业化新经济崭露头角时期。这一时期，社会环境变化剧烈而迅速，在科技推动下，产品更新换代周期愈来愈短，需求市场要求愈来愈精细，于是，产生了以满足社会需求为核心的柔性生产系统，从而诞生了柔性管理理论。柔性管理理论其实是为迎合新经济特点需要：①管理是为了更好地满足社会需要；倡导组织主动适应变化、利用变化甚至制造变化来增强在动态环境中的竞争力。②倡导组织人员善于学习和创新；倡导织结构柔性化，通过改变组织结构适应外界不同环境的要求，也为组织内部成员提供支持条件和完善的发展空间，提高组织成员的主动性和积极性，降低组织运行成本。与企业组织相比，高职院校本质上就是一个学习型组织，它的管理有两个显著特点：一是管理的中心是以师资团队为核心的人力资源管理；二是管理的对象是以师资团队为主体的高素质群体。这两个特点决定了高职院校适用于柔性管理思想，而非刚性管理。

（二）高职院校柔性管理体系设计

1. 树立以满足社会需要为核心的管理思想

柔性管理的本质就是同时对稳定和变化进行管理的能力。对于高职院校来说，必须首先确定哪些是需要稳定的、哪些是应该变化的。高职院校的办学性质及所体现的内涵特征是稳定的，高职院校人才培养目标是稳定的，适应社会生产第一线的人才、技术需求是高职院校教学科研活动的天然职责，但是社会需求在不断变化，高职院校人才培养方法和手段也需要不断变化。正是基于满足不断变化的社会需求，高职院校才需要建立柔性管理系统，利用变化促进自身的发展。

2. 建立柔性教学科研体系与人才培养模式

如果说，生产企业为满足市场的变化性需求，须建立柔性制造系统以生产个性化的产品，那么高职院校的"柔性制造系统"主要构成就是柔性的教学科研体系和柔性的人才培养模式。

（1）柔性的专业设置

柔性的专业设置就是要专业设置的稳定性和变化性相结合。一方面教育周期长、资源专用性强的特点要求专业设置应具有一定的稳定性，以保持人才培养的连续性和学校的专业特色；另一方面，社会需求的变化性要求学校在专业设置方面应具有灵活性。所以，柔性专业设置要求学校必须善于进行市场分析，在复杂的现象中，洞悉事物发展和演变规律，预测未来发展方向，从而自如地应付变化。

（2）柔性的教学模式

柔性的教学模式应能做到以下这些：①教材从内容到形式都要及时更新，保持知识、技术的先进性和形式的新颖性、时代性；②教学内容模块可重组、可系列化；③教学方法的丰富性和因材性，就是依据不同的课程内容和不同的教育对象选择不同的教学方法；④教学过程的灵活性，就是依据合作伙伴（包括学生和企业）的需要和特点，灵活控制教学过程和教学程序；⑤学制的弹性，即依据学生对教学内容模块的掌握程度灵活控制教学时长。

（3）柔性的办学层次与类型

社会对高等技术应用人才的需求是多类型、多层次的，高等职业技术教育也应是多类型多层次的，从类型看，既包括学历教育，也包括继续教育、技术培训等非学历教育；从层次看，既包括大专、本科、研究生，也包括初、中、高等级职业资格。高职院校应依据社会需求的不同种类，灵活组合知识与技能模块，举办各种高等职业教育，满足社会对人才的多样性需求。

3. 组织机构的柔性

既然柔性管理是对稳定和变化的管理能力，那么，组织结构的设计应满足这一点要求。所以，柔性管理的组织结构就形成了两个特征：①信息传递渠道必须迅捷畅通以对变化做出迅速反应；②组织结构能及时灵活调整以应对环境变化。

传统的金字塔式的组织结构无法满足柔性管理的需要，而根据系统动力学设计的扁平化组织结构方能满足柔性管理的需要。这是因为，扁平化组织机构中间层次少，便于沟通、协调和统一，有利于迅速行动，有利于依据环境变化进行业务组合与重组，从而变革组织结构。

4. 岗位责任的柔性与科层制的弱化

组织机构的柔性必然形成岗位责任的柔性。长期以来，中国高职院校尤其是公办院校，作为事业性单位，其管理体制沿袭的是与政府主管机关相对应的体制，强调级别与职务。这种体制难以使高职院校根据教育规律和市场需求自主办学，需要打破这样的体制，而代之以柔性管理的岗位责任制，让每个部门形成一个工作团队，而不是行政机构，每个团队成员只有岗位责任的差异，各负其责，而不是行政级别的差距，逐级负责。团队领袖遵循民主协商的领导方式，用领导魅力而非官威取信于民，信息流能在上下左右之间较为准确地自由流动，团队成员获得宽松的发展空间和优良的支持条件。在民主的气氛下，团队组合应变能力和创造性强，能根据工作的需要，按照功能块灵活调整，及时纠正，从而提高了效率和质量。

5. 人员的柔性

人员的柔性主要包括人员素质的柔性、管理机制的柔性和组织关系的柔性。

（1）人员素质的柔性

人力资源是所有有形资源中最具有柔性的资源，柔性主要表现在人员素质上，柔性人员的最大特点是善于感知新事物，善于学习，具有很强的适应能力，能够很快适应新环境的挑战。柔性人员的另一个特点是创新能力强，创新能力要求不仅具有天生的创新意识，而且建立在知识和经验的"博"与"精"积累的基础上不断自我培养而成。

（2）管理机制的柔性

首先，要树立"人本管理"思想，即强调尊重教职员工的个性和独立人格，突出他们的主人翁地位，关心他们、爱护他们。高职院校要把实现人的崇高信念、人的价值理想作为最大目标，不以强制、监控、惩罚作为基本管理手段，而是以吸引、诱导、协调、激励作为基础机制。把物质手段和精神手段结合起来，并以道德为导向，通过协调院校人际关系来优化院校管理方式，形成良好的人际环境。

其次，要建立以知识能力为核心的管理机制，这是学习型组织的本质特征。知识能力包括知识含量、知识取得（学习）能力、知识应用能力、知识创新能力等方面。以知识能力为核心的管理机制下，各类人员、岗位的考核、评价、奖惩均应以知识能力为核心。设立一个岗位首先要考核该岗位的知识含量，分析该岗位所需的知识能力，以此作为该岗位的评价、奖惩标准评价。考核一个员工，也要首先评价其知识能力，以其知识能力的高低作为评价奖惩标准。其基本激励机制就是诱导员工不断加强学习、努力创新，提高自己的知识能力。

（3）组织关系的柔性

传统的组织人事关系具有较强的刚性，人员进出都是一道难以迈过的"坎"，人员流动较为困难。按照柔性管理的要求，人员的组织关系也应是柔性的，应建立较为顺畅的人员流动渠道。高职院校教育科研任务不再需要的人或认为院校不再适合自己发展的人应能正常流出去，高职院校需要的人能正常流进来。通过人员的流动不断增强校内外信息的交流与碰撞，保持学校的生机与活力。

6. 充分重视研究发展力量建设

柔性管理的本质是对稳定和变化同时管理。确定哪方面需要稳定、哪方面需要变化、需要什么时间变化、如何变化就是管理首先要明确的问题。市场经济条件下，高职院校不再是政府部门的附庸，而是面向市场自主办学的独立市场主体，稳定或变化的目的不再仅仅是服从上级的指令，而是适应市场和环境的需要。所以变化的动因应是市场和环境的变化。因而首先对市场和环境的变化有较透彻的分析与清晰的判断。在分析判断的基础上，做出科学的决策。为实现决策的科学性，决策者应从"制订方案"中解脱，而由有关人员在科学分析的基础上制订若干可行性方案供决策者选择。决策的本质是"选择"而不是"制订"。因此，高职院校应充分重视研究发展力量建设，建立一支专兼职人员相结合的强大研发力量，负责高等职业教育研究、市场环境研究和发展战略研究，向决策者及相关人员提供有关信息和供选择的方案。

四、新制度经济学与高职院校管理体制创新

（一）新制度经济学的基本理论

新制度经济学是在美国 20 世纪 70 年代到 80 年代形成和发展起来的一个非常重要的西方现代流派。简单地讲，新制度经济学就是用经济学的方法研究制度的经济学。新制度经济学的基本理论有四个：交易费用理论、企业理论、产权理论和制度变迁理论。

1. 交易费用理论

交易费用理论是新制度经济学最基本的概念。交易费用思想是英国经济学家科斯（Coase）在 1937 年的论文《企业的性质》一文中提出的。科斯认为，交易费用应包括度量、界定和保障产权的费用，发现交易对象和交易价格的费用，讨价还价、订立合同的费用，督促契约条款严格履行的费用等。交易费用的提出对新制度经济学具有重要意义。由于经济学是研究稀缺资源配置的，交易费用理论表明交易活动是稀缺的，市场的不确定性导致交易也是冒风险的，因而交易也有代价，也就有如何配置的问题。资源配置问题就是经济效率问题。所以，一定的制度必须提高经济效率，否则旧的制度将会被新的制度所取代。这样，制度分析才被认为真正纳入了经济分析之中。

2. 企业理论

英国经济学家科斯运用其首创的交易费用分析工具，对企业的性质及企业与市场并存于现实经济世界这一事实做出了先驱性的解释，将古典经济学的单一生产制度体系——市场机制拓展为彼此之间存在替代关系的，包括企业与市场的二重生产制度体系。科斯认为市场机制是一种配置资源的手段，企业也是一种配置资源的手段，二者是可以相互代替的。在科斯看来，市场机制的运行是有成本的，交易费用的节省是企业产生、存在及替代市场机制的唯一动力。对企业与市场的边界，科斯则认为由于企业管理也是有费用的，企业规模不可能无限扩大，其限度在于：利用企业方式组织交易的成本等于通过市场交易的成本。

3. 产权理论

新制度经济学家一般都认为："产权是一个社会所强制实施的选择一种经济

物品的使用的权利。"另一种说法认为："产权是一种通过社会强制而实现的对某种经济物品的多种用途进行选择的权利。"美国产权经济学大师阿尔钦（Alcin）认为："产权是一个社会所强制实施的选择、一种经济物品的使用的权利。"这揭示了产权的本质是社会关系。只有在相互交往的人类社会中，人们才必须相互尊重产权。

产权是一个复数概念，它是"所有权在市场关系中的体现，本质上，是在市场交易过程中作为一定的权利所必须确立的界区"，包括所有权、使用权、收益权、处置权等。当一种交易在市场中发生时，就发生了两种权利的交换。交易中的产权所包含的内容影响物品的交换价值，这是新制度经济学的一个基本观点。产权实质上是一套激励与约束机制。影响和激励行为是产权的一个基本功能。新制度经济学认为，产权安排直接影响资源配置效率，一个社会的经济绩效如何，最终取决于产权安排对个人行为所提供的激励。

4. 制度变迁理论

制度变迁理论是新制度经济学的一个重要内容，其代表人物是美国经济学家诺思（North）。他强调技术的革新固然为经济增长注入了活力，但人们如果没有制度创新和制度变迁的冲动，并通过一系列制度构建把技术创新的成果巩固下来，那么人类社会长期经济增长和社会发展是不可想象的。总之，诺思认为："有效率的经济组织是经济增长的关键；一个有效率的经济组织在西欧的发展正是西方兴起的原因所在。"

制度变迁的原因之一就是相对节约交易费用，即降低制度成本，提高制度效益。所以制度变迁可以理解为一种收益更高的制度对另一种收益较低的制度的替代过程。

（二）新制度经济学视野下高职院校管理体制创新的策略

1. 明确政府职能

具体地说，政府对高职院校的管理职能主要应体现在以下五方面：第一，规划与立法。政府通过制订宏观的规划及有关的法案，协调、指导高职院校发展，使之与社会经济发展相平衡、相适应，并确保高等教育事业在社会中应有之地位，保护高职院校的权益不受其他社会部门的侵害。第二，拨款与筹款。政府要设法保证高职院校办学经费在政府预算中应有之比例。开拓高职院校向社会筹集办学经费的渠道，解决高职院校在财政上的后顾之忧，并通过拨款体现政府对高职院校的导向。第三，评估与监督。政府应成为高职院校办学方向和办学水平的权威性评估机构，对高职院校的办学方向和办学质量进行制度化的监督与引导。同时政府应组织各种社会力量对高职院校进行多方面的评估，促进社会评估机制的建立。第四，制定高职院校的设置基准，审批新建高职院校。第五，制定高职院校干部任免标准，作为高职院校自主选聘院长的主要依据，并据此对高职院校领导进行考核。总之，政府在管理高职院校中充当的角色，就是高等教育事业的规划者与协调者，而不是高职院校的直接行政领导者。

2. 降低创新成本，协调利益关系

人们主要可以从以下三方面入手来解决创新成本问题：一是改革成本不能仅由一方面承担，而应建立政府、高职院校和社会三方面相结合的多元化成本承担机制。特别是政府必须通过财政拨款、差额补贴等形式承担起支付改革成本的责任。二是让高职院校教职工参与改革政策的制定与选择过程。改革过程密切关系到高职院校教职工和学生家长的切身利益，让他们参与改革政策的选择，参与利益再分配决策，必将提高社会对改革政策的认同，减轻改革阻力。三是应注意将地方自下而上的改革与高职院校改革的规划结合起来，对高职院校的改革进行总体规划、统一推进和综合协调，将改革的力度与社会的可承受程度有机地结合起来，最大限度地降低创新成本。

3. 明晰产权，建立高职院校党委领导下的新型的法人管理机制

按照政事分开和所有权与经营权相分离的原则，实施产权制度改革，逐步明确高职院校的产权归属。政府对高职院校的产权管理形式要从实物形态的管理转为价值形态的管理，使高职院校获得法人所有权，实行高职院校管理权、责、利的统一，更充分调动高职院校追求自身发展的积极性。另外，根据对现代事业单位管理制度的构想，可以通过设立注册登记制度从法律上确认社会主办、个人举办高职院校的非政府、非企业的性质，确立其独立的主体地位，使其拥有必要的财产、权力行为等，能以自己的名义依法向社会自主开展教学、科研和生产活

动，独立承担相应责任，并公开接受政府和社会的监督。只有这样，才能提高服务的质量和效率，形成完善的激励和约束机制。值得注意的是，高职院校办学自主权与校长行政权绝不是一回事。高职院校实行的是党委领导下校长负责制，学校的各项自主权不是属于校长个人的，而是属于整个学校的。换言之，办学自主权不能由校长一人独揽，而应由学校的议事决策机构及其权力机构来掌握，校长只是学校的法人代表及学校各项民主决策的行政执行者。

4. 搞好配套改革

高职院校管理体制创新本身涉及政治、经济、科技等方面，关系到广大教职工和学生家长的切身利益，因此，必须做到政策配套和制度的供给与体制创新同时进行，为改革创造一个良好的制度和政策环境。一是要建立和完善法律法规体系，切实做到改革有法可依。二是必须加快公共财政体制的建设，进一步调整财政收支结构，确保政府财政对高职院校的投资和支持。三是必须加快劳动就业和社会保障制度建设，如进行再就业知识培训、提供一些条件鼓励自主创业、推进行业人员流动等，解决高职院校富余人员的就业与安置问题，尽快建立起社会保障机制。

第二节　高职教育管理体制创新改革实践

一、高职院校混合所有制办学改革实践综述

"混合所有制"是指分属不同性质所有者的产权共存于同一经济体的经济形式，其本质为股份制经济或以股份制为基础的经济形式。首次将"混合所有制"这一原本为经济领域的专业术语移用于职业教育领域的官方文件是《国务院关于加快发展现代职业教育的决定》（国发〔2014〕19号），其中"探索发展股份制、混合所有制职业院校，允许以资本、知识、技术、管理等要素参与办学并享有相应权利"的表述引起了职业教育界的强烈反响和热议。

（一）高职院校混合所有制改革的内涵

高职院校混合所有制办学就是要吸引各种形式的社会资本以资金、知识、技

术、管理、设备等要素，按照利益共赢、风险共担原则实质性参与投资办学，使高职院校产权结构发生革命性变化，由国家单一所有制主体办学，转变为不同所有制经济主体共同投入并共同实施决策、评价、改进的新型办学主体。

对于高职院校混合所有制办学内涵的理解，还要注意把握两个核心要素：一是混合所有制必须有国有资本成分，二是混合所有制的主体必须是独立法人（单强课题组的观点）。这就排除了不涉及实质性产权合作或资金投入的职教集团、合作联盟或协作组织之类的松散型校企合作。在这样的理论界定下，可以把高职教育领域的混合所有制分为"大混合"和"小混合"两个层次。"大混合"是指国有资本与社会资本在院校法人层面实现混合；"小混合"则是指学校内部二级办学机构层面或具体项目层面的混合，包括二级学院、实训基地、研发中心等载体中的混合，但要以法人资格出现。

（二）高职院校混合所有制改革的特点

1. 混合所有制高职院校是公益性与营利性矛盾的统一体。高职院校以提供有效培养高素质技术技能人才教育服务为首要目标，区别于一般企业组织以单纯追求经济利益最大化为首要目标，高职院校教育服务的公益性事业特征区别于一般竞争类营利性企业特征。现代学校制度建设与现代企业制度建设双重任务的矛盾会贯穿于高职院校混合所有制发展始终，决定混合主体新制度建设的成败。

2. 高职教育混合所有制改革集破茧式创新与社会性规范于一身。教育是相对公平和圣洁的领域，不能有失社会规范和责任。高职教育混合所有制改革体制创新的空间巨大，是一项系统性的复杂工程，尚处于试点和经验形成阶段，在目前法律边界、权益保护、运行规范等都没有明确政策的情况下，改革者能否做到创新意识与规范意识并存决定改革的成败。

二、高职教育供给与产业需求结构性矛盾化解路径探索

高职教育供给与产业需求之间存在结构性矛盾是不争的事实，解决这一难题的方法主要是让供需双方在市场引领下紧密合作、协同发展，实施混合所有制，尝试通过资本混合、校企联姻来解决供需不对称问题，期许借助共享经济模式使产教双方资源要素相互渗透和转化，形成利益共赢局面。

（一）"混改"须从实际出发

是否需要混合所有制改革，是否具备改革的条件，采用"大混合"还是"小混合"的方法，以谁为标杆模式，能够解决怎样的问题，等等，各职业院校应该根据自己的情况自我分析、自做决断，一切从实际出发，切不可人云亦云，随波逐流，把"混改"当时髦，为改而改。每个试点者的成功都是建立在自己特殊的境遇和条件下，天时、地利、人和及各综合因素的助力方能成就一个个体，成功不可复制，否则很可能会闹出东施效颦的笑话。

（二）"引制"大于"引资"

职业教育混合所有制改革的目的首先是为了提高国有资本的利用率，所以重点应该是引入民营资本灵敏的市场嗅觉和灵活的市场机制，因此"引制"大于"引资"。在当前国家法律法规和主管机关制度保障下，产权以股份比例来明晰更为科学。要合法经营，确保底线，避开雷区，对可为与不可为做出明智选择，不做无用功。

（三）"混改"要为供给侧结构调整服务

中国人民大学公共管理学院常务副院长许光建教授在《国有企业混合所有制改革五个关键问题》一文中提到：国企"混改"要与供给侧结构性改革紧密结合，尤其是去产能和去杠杆。同样，职业教育的混合所有制改革也应服务于职业教育的供给侧结构调整。高职院校建设在示范—骨干—优质—高水平的发展进程中始终没有脱离校企合作、产教融合的主线，但"校热企冷""产教两张皮"也一直是客观现状。"跨境校企共同体"是在多年校企合作经验积累的基础上，利用资本联姻的混合所有制，将产教资源进行有机整合的新路径探索，对推动高职院校提升产业人才培养质量和社会服务供给能力起到了积极的作用，有效解决了供需矛盾。2023年6月，国家出台《职业教育产教融合赋能提升行动实施方案（2023—2025年）》，有利于产教融合型企业制度和组合式激励政策体系健全完善，各类资金渠道对职业教育投入稳步提升，产业需求更好融入人才培养全过程，逐步形成教育和产业统筹融合、良性互动的发展格局。在良好的政策形势背景下，职业教育混合所有制改革前景乐观。

三、高职院校混合所有制改革对人事制度提出新要求

高等职业教育混合所有制改革实践涉及教育治理及国资管理方式的大变革，牵一发而动全身，混合后的职业院校其法人属性、治理结构、产权归属、监管方式等皆会发生相应的变化，其中人力资源的管理也是一个十分突出的问题，直接影响到改革的顺利与否。

（一）混合所有制办学对高职院校人力资源的要求

混合所有制办学主要是指办学资本的混合，走产权开放的道路。现阶段高职院校可探索五种混合所有制办学途径，即：公办职业院校引入社会资本；民办职业院校引入国有资本；公办民办职业院校委托管理；不同资本合作投资新办职业院校；PPP（公私合作伙伴关系）共建职业院校基础设施。无论哪种途径都是突破了公有制和私有制界限的混搭形式，最终是以股份的形式融合为法人财产，说到底，混合制就是股份制。股份制以市场经济为基础，以法人制度为核心，各利益主体权责明确，相互协商又相互制约，通过决策权、经营权、监督权三权分立的治理结构形成一种混合的、复杂而又清晰的产权安排，以求共同发展。混合制下，内部管理结构必须按照资本效能放大的最佳状态优化设置，在有限的资源配置下，人力资源配置和管理必将突破单一所有制下人事制度的壁垒，在人力资源选拔、绩效评价和薪酬激励制度方面产生深刻的变化。

1. 管理干部的行政级别将被取消

现行公办高职院校在人事管理上采用"二元管理模式"，即干部由组织部门管理，普通教职员工由人事部门管理。资本混合后，党委领导下的校长负责制转身为董事会决策下的总经理负责制，上级党政组织部门任命或派出管理层干部的方式将不复存在，学校干部对应的行政级别也将被取消，董事长、总经理、党委书记的角色需要重新定位，干部人事工作将大范围转为市场化、民主化、科学化和法制化管理。

2. "干部能上不能下、人员能进不能出"的局面将被打破

公办高职院校的行政依赖性养成其"对上负责"的习惯，加上"党管干部"

的组织模式，公办高职院校都是按照党、政两条线设置内部管理机构，机构设置行政化，机构名称和职能一般与上级主管机关设置的机构呼应对接，干部只上不下，人员只进不出。混合制后，将通过对不同层级与类别的人力资源需求的盘点，来确定机构与岗位的数据，确定岗位薪酬与岗位价值量对等的工资等级标准，量化考核人力资源贡献率，建立基于公平的差别化薪酬政策，使人员的选拔、任用、考核、退出等机制向更加市场化、精细化的方式转变。

3. 教职员工的身份可以由工薪族转变为持股股东

公办高职院校的教职员工以工薪一族的身份表现出为公家打工的形象，维持常规性的工作。混合所有制高职院校允许知识、技术、资本作为重要的生产要素入股参与办学并享有相应收益，以此来保障其对学校的正常管理和有效监督。同股同权将使工薪族员工变革为持股股东，教职员工利益与学校发展紧密捆绑、休戚相关，这无疑是对现行高职院校人事制度壁垒的有力突破。

（二）现行体制下高职院校人力资源管理模式

公办高职院校属于公益性事业单位，治理结构是党委领导下的校长负责制，人事管理制度为国家财政控编，干部按行政级别制度管理。自国家高等教育由精英教育向大众教育转型以来，高职院校的扩招和扩张致使学校对师资与管理人员的需求大幅上升，为谋求发展，这些年高职院校大多以聘用编制外人员来解决人力资源需求，教职工构成多种身份并存，用人体制逐步向多元化社会型转变。

目前高等学校包括高职院校一般主要有四种类型的职工身份：事业编制内正式职工；事业编制外人事代理职工；事业编制外合同制职工；临时职工。其中编制外的人事代理和合同制职工成为促进学校事业发展的重要人力资源群体，数量和质量都在不断提高。普通高等本科院校编制外职工招录的学历最低要求为硕士研究生，普通高职院校编制外职工招录的学历最低要求为本科，而编制外教职工在规模上要占到整个学校用人的半壁江山。

（三）养老金双轨制并轨彰显社会公平

现行的"退休金双轨制"是指机关事业单位与企业单位退休人员养老保障采用两套不同的制度体系，即政府部门、事业单位的退休制度和社会企业单位的

"缴费型"统筹制度。两个制度表现为三个不同：一是统筹办法不同，企业养老金是单位和职工本人按一定标准缴纳，机关事业单位养老金是由国家财政统一筹资；二是支付渠道不同，企业养老金由自筹账户支付，机关事业单位养老金由国家财政统一支付；三是享受标准不同，机关事业单位养老金标准高于企业 3~5 倍。"双轨制"所导致的不公平日益成为一个严重的社会问题。

2015 年 1 月 14 日，国务院印发《关于机关事业单位工作人员养老保险制度改革的决定》，决定明确提出：从 2014 年 10 月 1 日起，在全国范围内对按照公务员法管理、参照公务员法管理的机关事业单位编制内的工作人员实行社会统筹与个人账户相结合的基本养老保险制度，基本养老保险费由单位和个人共同承担。由此，机关事业单位工作人员养老保险制度与企业职工的养老保险制度达成了本质上的一致，并将在制度模式、缴费基数、费率标准、待遇计发及调整机制等方面逐步实现二者的基本相同。这是以制度并轨的方式从根本上解决养老金"双轨制"问题的历史性突破。

养老金并轨意义重大，首先，它彰显了社会的公平性。养老金并轨的核心是将机关、事业单位和企业一样都纳入统一的城镇职工基本养老保险体系，建立职业年金，使机关、事业编制人员和企业职工在养老金的缴纳、享受上实行相同的社会保险制度，这不仅会降低那些冲击社会底线的畸高保障，而且有助于提高那些有失公平的低水平保障，让公平在养老问题上得到体现。其次，它疏通了国家机关事业单位人员的进出渠道，通过相对统一的制度促进人才在社会不同行业间的流动，以充分挖掘个人价值的潜力。

（四）养老金并轨给高职院校混合制改革带来福音

养老金并轨打破了事业编制的特权，使机关事业养老保险制度由待遇确定型向缴费确定型转变，潜在影响事业单位工资结构调整，促使其逐渐与企业工资制度趋同。这有利于事业与企业相关制度的融合，有利于人才的双向流动，有利于高职院校管理的去行政化，从而为混合制改革扫除了用人机制不畅障碍，对高职院校混合所有制办学改革产生积极的影响。

1. 养老金并轨取消了公办高职院校在编教职工的"贵族"身份

养老金并轨后，公办高职院校中编制内教职工需要缴纳养老保险，先前的工龄视同已缴纳年限，也成为合同制职工。这一变化等同于取消了公办高职院校在编教职工的"贵族"身份，还原到了应有的社会公平。编制内与编制外的差异逐步取消必将增强教职员工的平等意识，给编制内人员敲响警钟，给编制外的人员激励鼓舞，营造出人尽其才、才尽其用的公平和谐的良好环境，种种矛盾也将逐渐化解，有利于高职院校的健康成长。

2. 养老金并轨改革有利于高职院校人才的流动

双轨制下，机关事业单位稳定、体面、旱涝保收、退休金高等优势使得机关事业单位令社会钦羡，求职者蜂拥而至，出现了每年公务员考试数千人争一岗的"壮观景象"。养老金并轨后，所有单位职工一律开设个人账户，缴纳养老保险，在此影响下，单向流动将转变为事业与企业之间的双向流动。人才流动通道的顺畅为混合制改革奠定了良好的人力资源环境基础，对促进混合制改革意义重大。

3. 养老金并轨有利于高职院校人才的优化配置

公办高职院校的国有资本混合了社会资本后，资本权益不再单一，代之以产权清晰、权责明确的利益诉求主体。原先政府统筹统管的包办模式被打破，在原有的事业制度中融入适应非公有资本运营和市场环境需要的现代企业制度和相互协商而又相互制约的管理模式，形成能产生强大市场竞争力的新治理结构。在新治理结构下，人才配置需要多元化，既需要学历要求较高的理论教师，也需要具有较强生产实践能力的实训教学人才；既需要具有研发能力的研究人才，也需要具有科学管理能力的管理人才；既需要从事配套保障的服务人才，也需要开拓市场的营销人才。在双轨制下，公办高职院校招聘新人统一以学历为门槛，教师岗必须具有研究生以上学历，非教师岗必须具有本科以上学历，在职员工统一根据职称体系进行考核并以此作为薪水提升的依据。这种一刀切的做法无疑对人才的各尽其用、优化配置起到逆向作用。在这种导向下，企业生产实践一线的技能人才因学历低入不了"门"，而"门"里教师跟着职称评定的指挥棒走，重科研，轻教学，不能真正满足学生对知识学习和技能实践的需求。

养老金并轨后，按照新规，养老金只与缴费基数、缴费年限有关，解除了与职称、岗位工资、薪级工资的关联，为新治理结构扫除了障碍，有利于高职院校人事管理去行政化，有利于人事管理按照市场规律和学校实际需求制定政策，有利于高职院校人才的合理配置。

第六章
高职教育的人才培养和师资培养

第一节　订单式校企合作的内涵与特点

高职院校在实施人才培养中离不开与企业开展校企合作，并希望企业实质参与人才培养活动及过程，以提高人才培养质量，满足经济建设与社会发展对高素质技术技能型人才的需求，应该说这是高职教育的共识。然而，企业在高职人才培养中的参与程度不同，会形成不同的人才培养模式，并影响人才培养的质量。教育部提出要"将毕业生就业率、就业质量、企业满意度等作为衡量人才培养质量的重要指标"，因此，高职院校应结合区域经济的实际发展订单式校企合作，并以订单式校企合作为基础构建校企共育人才培养模式，共同培养合作企业所需要的高素质技术技能型人才，切实提高毕业生就业率、就业质量和企业满意度等，按照"以服务为宗旨，以就业为导向，推进教育教学改革"的要求办出特色，提高人才培养质量。

一、订单式校企合作与校企共育

"订单式校企合作"属于办学模式概念，它是将订单培养与校企合作相互融合的一种办学形式，可理解为是深层次紧密型的校企合作，也可理解为是合作共育型的订单培养。订单式校企合作是以合作企业的人才需求订单为纽带，发挥高职院校与订单合作企业双方的人才培养资源优势，共同参与订单人才培养全过程的人才培养合作。在订单式校企合作中，由订单合作企业根据人才需求，规划选择未来员工组建订单。校企双方共同参与针对订单班的人才培养方案制订、师资队伍建设、教学过程实施与监管、实践教学条件建设、学生学业评价等，共同培养满足订单合作企业职业能力需求的高素质技术技能型人才。通过订单式校企合作，不仅能将高职院校的人才培养同订单合作企业的人才需求紧密结合，形成

"人才供需联合体"，而且还能加强校企双方在人才培养中的权利和责任，确保订单人才培养的质量。

"校企共育"则属于人才培养模式概念，它是基于区域产业经济发展对人才的现实与未来需求，由高职院校与区域行业、企业共同参与的面向行业、企业培养高素质技术技能型人才的一种人才培养范式。具体地讲，校企共育需要区域行业、企业与高职院校共同参与人才培养方案的制订、课程的开发与建设、师资队伍的建设、实践条件建设、教学实施及教学与学业的评价等。高职院校实施校企共育的目的是推进教育教学改革，为区域行业、企业的生产第一线培养"下得去、留得住、用得上"的职业能力强、综合素质高的技术技能型人才，有效提升区域经济发展所需技术技能型人才的培养质量，并营造校企互动共赢格局。

其实，订单式校企合作解决的是"与谁合作、合作什么和怎样合作"的问题，而校企共育解决的则是"为谁培养人才、培养什么样的人才和怎样培养人才"的问题。

二、订单式校企合作内涵与特点

（一）订单式校企合作的内涵

"订单式校企合作"是以订单式合作企业对职业岗位（群）的能力需求作为培养目标，以面向订单式合作企业职业岗位（群）的职业能力培养作为主要内容，以教学活动同订单式合作企业生产实际紧密结合作为主要途径，以人才订单作为毕业生的高就业率保障，通过校企双向互动式参与，是订单式合作企业培养高素质技术技能型人才的一种办学模式和人才培养合作形式。也可以说，"订单式校企合作"是由订单式合作企业与高职院校共同确定的订单人才数量、人才规格要求、人才培养目标、课程体系及其教学内容、培养方法途径、实习实训方式、考核评价体系、质量监控体系、毕业生就业保障、校企合作保障机制等的总和。

（二）订单式校企合作的特点

"订单式校企合作"具有以下主要特点。

1. 人才订单，保障学生充分就业

人才订单是订单式校企合作区别于其他校企合作形式的关键要素之一，它要求校企双方共同签订关于人才培养数量、规格要求等的订单人才培养协议，形成委托培养、定向培养关系。通过签订订单人才培养协议，明确校企双方的职责，院校按照订单式合作企业的用人要求培养人才，订单式合作企业保证录用符合企业用人要求的合格人才。有了人才订单，高职院校培养的学生就业就有了保障，订单式合作企业也不用为选择不到符合企业用人要求的一线人才而发愁，使高职院校的人才培养真正实现"以就业为导向"。

2. 按需培养，共同确定培养方案

高职院校的专业设置和能力培养本来就是为了满足社会人才需求的，而"订单式校企合作"更能满足订单式合作企业的人才需求，因而其专业方向、课程体系和能力培养等更具有针对性。实施订单式校企合作，院校根据订单式合作企业的需要设置专业培养方向，并对合作企业的相应职业岗位进行深入调查分析，提炼需要重点培养的学生职业能力，据此由双方共同确定人才订单专业的培养方案，以保证订单人才职业能力的针对性培养，实现能力培养与能力需求的有效对接。

3. 校企共育，确保人才培养质量

"校企共育"是校企双方共同参与的人才培养方式，是订单式校企合作对校企双方的基本要求，校企双方只有通过双向参与的校企共育人才培养才能体现出校企深度性合作。校企共育，包括校企双方共同参与共育订单班的组建，共同组建校企共育人才培养工作组织，共同参与专业和课程开发建设，共同制订教学计划、确定教学内容，共同参与人才培养活动、参与共育订单班的教学和管理，共同组建由院校教师和企业专家组成的师资队伍，共同开展师资培养、技能培训，共同提供教育环境和教育资源对学生实施培养，共同融入校园文化和企业精神、服务理念等方面的教育，共同参与教学监管与学业评价等，以提高共育订单班学生的培养质量，提高订单式合作企业未来技术技能型人才的全面素质，等等。也就是说，校企共育体现的是校企双方在订单人才培养方面的全程参与、实质参与，共同培养符合订单式合作企业需要的高素质技术技能型人才。

第二节　订单式校企合作的促进作用和实施过程

一、订单式校企合作对校企共育人才培养的促进作用

为了促进高职教育的校企共育，人们在实践探索中得出这样的结论，即高职教育不仅要坚持"以服务为宗旨"，为区域经济建设与社会发展培养高素质技术技能型人才，而且更重要的是要坚持"以就业为先导"，主动积极地面向区域行业、企业发展订单式校企合作，以此吸引用人单位实质性地参与其未来一线技术技能型人才的共同培养，有效推进校企共育，切实提高人才培养质量。也可以这样理解，只有将订单式校企合作作为校企共育的桥梁，校企共育才能名副其实并有效开展，才能确保无缝对接式人才培养的质量。

订单式校企合作对校企共育人才培养具有重要促进作用，并主要体现在以下四方面：

（一）有利于增强校企共育的稳固性

校企合作在高职院校办学中扮演着重要角色，校企共育在人才培养中发挥着关键作用，这是毋庸置疑的，但校企共育的稳固性会受到校企合作程度的影响。

然而高职院校与企业开展的订单式校企合作则不同，由此建立的校企共育合作关系是很稳固的。因为订单式校企合作强调将合作企业的人才战略需求前置实施，并通过提前介入高职院校的人才培养来获得预期人才。高职院校与区域企业共同研究制订可行的订单式校企合作方案，研究并明确包括订单人才数量与规格，共育订单班组建时间与方式，双方人才培养资源如场地、设备、师资等的利用，企业版人才培养方案的制订，核心课程与教学内容的开发，教学模式的选择，共育过程的实施与监督以及科研与培训的合作等一系列合作事项，且双方在校企共育中的责任与义务也是十分明确的。实际上，订单式校企合作找到的是校企双方的利益契合点，合作企业愿意积极与高职院校开展共育合作，双方按照"合作办学、合作育人、合作就业、合作发展"的要求共同策划、参与共育性人

才培养活动，由此促进校企双方形成相互依存的关系，因而双方的共育合作关系会更加紧密和稳固。

（二）有利于增强人才培养的针对性

人才培养模式解决的是为谁培养人才、培养什么样的人才和怎样培养人才的问题，其中，为谁培养人才和培养什么样的人才便涉及人才培养的针对性问题。通常高职院校按照社会普遍需求开展人才培养工作，即高职院校在开展某个专业的人才培养之前通常面向相关行业、企业开展职业岗位能力需求调研，进而将各类职业能力归类，设计相应课程体系以培养学生的知识与技能，而且核心课程体系是按照培养具有专业普适性的要求来设计的，所培养学生的职业能力对多数企业是通用的。然而调查发现，毕业生进入具体的用人企业后，企业会认为他们不能适应企业岗位的用人要求，往往在正式上岗之前需要对他们开展岗位培训，并经过一段岗位适应期后才能完全适应企业生产岗位的需要。之所以有此情形，不是因为学生的职业能力欠缺，主要是高职院校开展的某专业学生的职业能力培养不可能全面覆盖某些行业所有企业类型的所有职业岗位的职业能力需求，自然会出现学生的职业能力满足了一些企业的某些职业岗位的需求，而又不能满足另一些企业的某些职业岗位的需求。也就是说，学校的人才培养与特定企业的人才需求通常没有"对接"，不是按"量身定做"要求培养人才，当然会出现学生职业能力与特定企业岗位所需能力的"错位"，人才培养的针对性自然就不强。

开展订单式校企合作，校企共育就有了根基，人才培养的针对性自然会增强。在校企共育人才培养中，高职院校与合作企业都会按照培养企业未来一线技术技能型人才的角度思维，双方会将企业未来人才的知识、能力和素质要求融入企业版人才培养方案中，共同开发课程与教学内容并采取工学结合、工学交替等教学模式来实施人才培养，以实现学生的职业能力培养与企业岗位的职业能力需求有效"对接"。同时，校企双方的人才培养资源包括场地、设备、师资等都会应用于企业人才培养之中。应该说，通过订单式校企合作，校企双方共同按照"量身定做"要求开展校企共育人才培养，其针对性是不言而喻的。

（三）有利于促进校企共育的有效开展

通过开展订单式校企合作，双方共同组建校企共育管理与服务组织，共同研究制定校企共育相关制度，共同制订企业版人才培养方案，人才培养的目标与规格按照企业对员工的素质要求共同设定，课程体系及课程标准按照企业岗位的能力需求共同开发，教学模式按照校企共育宗旨共同选择，师资队伍由校企双方共同组建和培养，实训条件在发挥双方优势的基础上共同建设，教学场地按照有利于企业未来人才的培养共同选择和利用，共同开展教学过程监管，共同开展教学评价和学业评价，等等。也就是说，凡是涉及订单合作企业未来技术技能型人才培养的相关事宜均由校企双方共同研究、共同实施和共同管理，以促进双方共同参与符合企业岗位能力需求的高素质技术技能型人才的培养过程。

订单式校企合作是高职院校实施校企共育人才培养的重要选择，因为它符合校企双方的共同利益，能够促进校企双方形成"人才供需联合体"，能够吸引企业真实参与校企共育过程。如果没有订单式校企合作的保障，不是针对特定企业培养人才，企业是不会真实参与高职院校的人才培养的，原因在于企业在目前的体制下不愿意承担人才培养的社会责任，即使开展校企共育也多流于形式。因此，只有开展订单式校企合作才能促进校企共育的实质性开展与有效实施。

（四）有利于提高人才培养的质量

教育部明确提出要将"毕业生就业率、就业质量、企业满意度等作为衡量人才培养质量的重要指标"。高职院校发展订单式校企合作并通过校企共育开展人才培养，既能提高毕业生的就业率和就业质量，还能提高企业满意度，无疑是促进人才培养质量提高的重要措施。

其一，订单式校企合作提高了毕业生就业率。高职院校以服务区域产业经济为宗旨，面向地方行业、企业开展订单式校企合作，明确以组建共育订单班为基础开展合作，并由校企双方共同承担订单人才培养工作，这本身是将毕业生就业工作前置化的工作措施，既为地方经济建设提供人才培养服务，又能促进高职院校毕业生的就业，一举两得。因此，订单式校企合作在服务地方经济发展的过程中达到了提高毕业生就业率的目的。

其二，订单式校企合作提高了毕业生的就业质量。共育订单班是通过企业与学生双选组建的，学生接受企业培养后对其认同感很强；学生接受定向培养，其专业及个人能力符合企业需求，可实现学以致用、专业对口、能力对接的就业；学生毕业后直接到企业就业，就业稳定性好，工作待遇有保障；学生接受企业培养，能让学生对企业的发展前景充满信心，其个人职业发展方向更为明确，等等。这些都是毕业生就业质量提高的具体体现。

其三，校企共育提高了企业用人满意度。通过实施校企共育，共育订单班学生既接受高职院校教师的培养，也接受用人企业教师的培养；既学习专业普适性知识与技能，又学习订单企业岗位所需的知识与技能；既接受高职院校的德育塑造，又接受企业文化与企业精神的熏陶，因而毕业生的综合素质高；通过校企共育，对共育订单班学生朝着符合订单企业人才需求的方向进行培养，实现学生职业能力培养和订单企业岗位职业能力需求的高度融合与有效对接；学生毕业之前通过进入订单企业进行教学性实习和轮岗性顶岗实习，既熟悉了企业用人岗位，又锻炼了他们的岗位适应能力，学生毕业进入企业能"下得去、留得住、用得上"，当然可以提高企业对毕业生的满意度和对学校人才培养工作的认可度与满意度。

"订单式校企合作"办学的实施过程可分为六步，即明确合作关系签订合作协议、组建校企合作共育组织、校企双方共同制订人才培养方案、共同选拔学生组建"共育订单班"、校企双方共同实施人才培养、优选毕业生安置就业等。

1. 明确合作关系，签订合作协议

第一，选择合适的合作企业。为了保障"订单式校企合作"能规范、有效和成功开展，高职院校选择好合适的订单式合作企业是先决条件，必须将眼光瞄准当地拥有雄厚实力且有人力资源战略规划的企业，并对其生产实力、技术实力、市场实力和社会声誉度等进行全面考察和综合评价后予以确定。

第二，与企业协商合作事宜。校企双方需要对"订单式校企合作"中的订单人才数量需求、人才规格要求、合作专业（群）、校企双方的职责与义务、教学师资队伍配备、教学实习和顶岗实习的开展形式、双方资源的使用方式、毕业生就业岗位安排及相关待遇等进行协商并达成共识。

第三，签订"订单式校企合作"协议。在校企双方经过协商、探讨并取得成熟方案后，由双方正式签订"订单式校企合作"协议，明确合作关系、合作内容及双方的权利义务等。

2. 组建校企合作共育组织

校企合作共育组织由高职院校与订单式合作企业双方的专家共同组成，可以命名为"校企共育委员会"或其他名称，它是校企双方共同实施人才培养的保障性组织。校企合作共育组织中，高职院校的专家应包括订单培养专业的专业带头人、技术课教师、实验实训教师中具有中高级职称的骨干教师等，而订单式合作企业的专家应包括与订单培养专业相关联的技术岗位（群）的工程师或高级工程师、技师、高级技师等。由这两支队伍共同组成"订单式校企合作人才共育委员会"，由订单式校企合作双方共同指派负责人，定期或不定期召集双方专家共同研究人才培养中的相关问题，让订单式合作企业真正参与高职院校的人才培养过程，切实履行其职责，有效实现人才培养与人才需求中的"能力对接"，把共育订单班学生培养成为订单式合作企业生产、建设、管理和服务第一线真正需要的高素质技术技能型人才。

3. 校企双方共同制订人才培养方案

订单式校企合作的人才培养方案由"订单式校企合作人才共育委员会"负责制订，包括共育订单班的组建程序、订单人才的培养目标与规格、毕业生技能等级要求、订单培养专业的课程体系、教学师资队伍组建、教学内容选择、理论教学和实践教学的形式、学习时间安排与协调、考核评价体系等，让校企双方的教学参与者在合作共育的主要环节上有章可循，充分发挥校企双方的优势教学资源，共同实施订单人才的培养。

需要特别指出的是，高职院校要主动牵头进行"共育订单班"的课程体系设计与开发，应首先明确订单式合作企业的培养意向和培养目标，并组织校内教师深入订单式合作企业开展职业岗位（群）调研，进行职业岗位（群）能力分析、一线成熟技能型人才的技能构成分析，从而归纳出"共育订单班"学生需要具备的思想素质、专业知识、岗位技能及综合能力等；其次是主动征求订单式合作企业对人才培养方案的建议和意见，并由企业专家结合企业自身生产技术状况和产业发展技术趋势与要求，将必需的新知识、新技术、新材料、新工艺及新方法等加以选择提炼并融入课程体系及其教学内容中，同时还应将企业文化、企业理念、企业管理等内容融入相关课程中；最后由"订单式校企合作人才共育委员会"对人才培养方案进行论证审核，最终确定订单式校企合作人才培养方案并付诸实施。

4. 共同选拔学生组建共育订单班

"共育订单班"的组建应在"订单式校企合作人才共育委员会"的领导下进

行，并通过宣传发动、学生自愿报名、企业组织文化知识考核、企业组织面试、校企双方共同研究确定等环节进行公开选拔。通过提前选拔组建的"共育订单班"，其学生的基础素质比较好，经过培养后的毕业生素质比较高，也有利于吸引更多的企业参与这种订单式校企合作和校企共育人才培养。为了共享企业品牌资源和增强学生的认同感，"共育订单班"可用订单式合作企业的名称给予冠名，并单独编班开展教学活动。

5. 校企双方共同实施人才培养

"订单式校企合作"中校企共育人才培养的核心环节体现在"共育订单班"的教学工作落实之中，它必须以"订单式校企合作人才共育委员会"审核确定的人才培养方案组织实施，并时时处处体现出校企双方的双向参与和优势互补。

在人才培养的具体实施中，师资队伍及其教学组织有两种方式：其一，学校教师负责技术理论课程及其校内实训教学，企业教师负责生产实习课程教学。学校教师重点对学生进行基础知识、技术理论知识及相关实训的教学，而企业教师则利用企业的工作场地、生产设备对学生进行实践操作技能的培养，每一学期都可以给学生提供一定时间的企业实践机会，以实现工学交替。其二，学校教师负责一部分技术理论知识、校内实训与生产实习课程的教学，企业教师负责另一部分技术理论知识、校内实训与生产实习课程的教学。但第二种方式对于学校教师和企业教师的要求都较高，不仅需要学校教师具备企业生产工作经历、经验尤其是生产技术、技能，而且企业教师也需要具备学校教学的经历和经验，包括掌握教育教学的相关理论及教学技术、艺术等。

在人才培养的具体实施中，学校教师需要经常性深入企业，与企业教师一同研究教学工作，结合订单式合作企业的生产实际充实课程教学内容及技能训练要求，而且根据产学结合需要可以把部分课程或部分教学课堂设在企业，由学校教师与企业教师共同为学生教学，突出教学过程的实践性、开放性和职业性，以便收到更好的教学效果，使"共育订单班"学生的专业知识水平和技能水平都能达到订单式合作企业的用人标准要求。

在人才培养的具体实施中，必须充分发挥合作企业的人力资源、物力资源及技术资源在合作共育中的作用，让学生拥有充分的时间与空间，在合作企业的岗位实践课程学习中增长才干和提高技能。在教学管理方面，校企双方通过"订单式校企合作人才共育委员会"共同参与教学过程监管，建立由日常巡教与教学督导相结合的培养过程监控机制，以保证订单人才合作共育的有效性。将企业评价与学校评价有机结合起来，建立校企共育教学质量监控体系，保障人才培养能够真正满足校企双方共同制定的人才培养目标和规格要求，提高"共育订单班"学生的培养质量。

6. 优选毕业生安置就业

"共育订单班"是直接面向订单式合作企业培养人才而组建的，但在组建过程中一般需要放大一定比例人数，以便学生毕业时订单式合作企业能够选足符合企业用人要求的人才。因此，高职院校和订单式合作企业必须按照共育订单班学生的职业能力评价要求，在学生毕业时对其进行综合评价，以满足订单式合作企业选择思想素质好、知识水平和技能水平高、综合能力强的毕业生作为员工的要求。

总之，"订单式校企合作"是将"订单培养"与"校企合作"融为一体的办学模式，它能够促进"校企共育"人才培养，不仅可以提高毕业生的就业率和就业质量，而且能够切实提高学生的实践能力、技能水平，实现学校人才培养与企业人才需求的"能力对接"，有效提升企业用人的满意度，从而提高订单人才的培养质量。

第三节　"双师型"师资的管理和建设

教学质量是学校生存与发展的生命线，师资队伍整体素质的高低是教育教学质量优劣的决定性因素，建设一支高素质的教师队伍是高等职业教育发展中头等重要的任务。职业教育的特点要求教师应是能把理论与实践有机结合起来的"双师型"师资，"双师型"师资队伍建设是职业教育办出特色的关键。中国目前高职院校中双师型的高技能人才严重短缺，教师的知识和能力的局限与创新意识的欠缺，影响了职业教育人才培养的质量，并进而影响到了中国经济的发展，需要引起高职院校的高度重视。多年来，虽然教育行政部门制定了不少政策以加强这方面的工作，各职业教育院校也采取了一系列措施努力解决这些问题，但受到客观条件的限制，常会遇到各种困难，因此，迫切需要积极创造条件加强专职教师实践动手能力的培养，使他们成为"一专多能"的高素质人才。

一、高等职业教育"双师型"师资建设标准

（一）"双师型"的概念理解

1. "双师型"的内涵与外延

"双师型"教师是职业教育研究中的一种特指，即一个教师同时具备职业学校教师职务任职资格和工程技术人员职务任职资格，比如是讲师又是工程师、是教授又是高级工程师。对"双师型"教师的理解，一是认为教师既能从事理论教学，也能从事实践教学；二是认为教师既能担任教师，也能担任专业技术人员，即"双师型"教师应同时拥有"教师资格证书"和"专业技术职务证书"。"双师型"教师从外延上看就是"双证"的结合，即一个专业教师既有教师职业资格证书，又有教师以外的专业资格证书（如工程师、经济师、会计师和律师等）。从内涵上看，"双师型"教师首先应该符合职业技术院校教师的一般标准，比如具有良好的职业道德，具有敬业精神，具有终身学习的意识与能力，同时，还应该凸显教学能力。"双师型"教师要能根据市场调查分析，行业、职业、职业岗位群分析，调整课程内容，制定相应的培养目标，具有胜任本专业两门以上课程的教学和相关的实验、实习、实训、课程设计、毕业设计的指导，以及主编所任课程的教学大纲的能力。在传统的单一的教学媒体被打破的情况下，能够在计算机网络环境下创造性地开展教学工作，合理使用信息资源，及时将新理论、新技术、新工艺传递给学生，使教学设计和实施具有超前性的专业技术能力。现代职业技术教育必须反映生产技术的要求，了解生产实际，跟踪技术的发展，作为"双师型"教师，应该掌握所教专业科目的高新技术知识和本专业领域内的某些传统和高新设备的维护与操作技能。

2. "双师型"内涵中涵盖的教师能力素质

"双师型"内涵中涵盖的教师各种能力可概括为四个方面：

（1）一定的工艺能力、设计能力和技术开发与技术服务能力。

（2）中级工以上的生产操作能力。

（3）胜任专业工作的能力，及一定的专业实践经验与工艺实验能力。

（4）演示、指导能力，教师能以自己准确、熟练的示范操作进行演示，并能根据学生不同的实际操作给予明确、有效的指导。

但是仅仅具备上述能力只能完成基本常规性的工作，对于新时代职业教育创新型教师来说，还应具备以下能力：

（1）创新能力。行业、职业界日新月异的变化，要求"双师型"教师必须善于接受新信息、新知识、新观念，分析新情况、新现象，解决新问题，不断更新自身的知识体系和能力结构，具备良好的创新精神、创新意识，掌握创新的一般机理，能够超前思考、多维思考、求异思考，善于组织、指导学生开展创造性活动。

（2）研究开发能力。"双师型"教师还应该扮演的一个角色就是研究者，其应该具有调查能力、搜集整理资料的能力、试验设计能力、成果表达能力、开发应用性科研项目的能力。

（3）创业能力。职业技术教育面临的是招生和就业两个联动的市场，只有把劳动力资源的开发和劳动力安置结合起来，职业技术教育才会永葆生命力。因此，职业院校除了做好就业指导工作外，要大力开展创业教育，这就要求"双师型"教师要有强烈的创业意识、健康的创业心理、较强的创业能力，能够培养出创业型的人才。

（4）组织协调能力。与企业、行业从业人员交流沟通，新产品开发、研制，课题的申报和论证，组织学生开展社会调查、社会实践，指导学生参加各种社会活动、实习等，决定了"双师型"教师的接触面广、活动范围大，需要有较强的交往和组织协调能力。

（5）管理能力。"双师型"教师既是理论课的施教者，也是实验实习课的指导者，又是校内外产学结合的研发者、学校管理的参与者，因此，要求他们要掌握教学行政管理、教学设施使用管理、技术开发管理、学校良性化运营管理及企业、行业管理的程序和法则，并能在实际工作中加以运用。

（二）"双师型"师资建设实施标准

综上所述能力，实则是"双师型"教师应具备的职业素质，的确要求高、难度大，因此在对"双师型"内涵把握时，认识上存在差异，致使"双师型"教师认定标准难以统一。

1. 院校标准

在实行"双师型"教师的认证过程中，有些高职院校制定了实施标准，提出了"双师型"和"一体化"教师的标准。"双师型"教师指既能讲授专业理论课，又有一定实践经验（即具有所教专业相关的社会职业岗位经历、资格或能力）的教师。具体标准：大学本科及以上学历，具有中级以上专业技术职务，具有两年以上的相关专业经历或具有高级工（国家职业资格三级）及以上职业资格，接受过系统教育理论的培养和培训。

"一体化"教师是指既能从事专业理论教学，又能指导技能训练的教师。具体标准：大学本科以上学历，具有中级及以上专业技术职务，具有高级工以上职业资格，接受过系统教育理论的培养和培训。

两者的关系是："一体化"是"双师型"的一部分，因为"双师型"要求具备实践经历，但不一定必须具备承担实践教学特别是技能训练的能力。

2. 学者标准

有学者认为"双师型"教师应具备的职业素质标准是"一全""二师""三能""四证"。"一全"是指"双师型"教师应该具有全面职业素质。"二师"是指"双师型"教师既能从事文化理论课教学，又能从事技能实训指导。"三能"是指"双师型"教师具有较全面能力素质，既具有进行专业理论知识讲授的教学能力，又具有专业技能基本训练的指导能力，同时还具有进行科学研究和课程开发建设的研发能力。"四证"是指毕业证、技术（技能）等级证、继续教育证和教师资格证等。

3. 业内共识标准

随着职业教育的进一步发展，对"双师型"师资队伍建设的认识也在不断深化。目前国内高等职业教育"双师型"教师的认定范围和宽泛解释及其认定方式已基本达成共识，形成相对统一标准。"双师型"教师的范围认定，一般具有中级及以上专业技术职务的专业基础课、专业课、实践教学指导教师属于"双师型"教师认定范围。目前，"双师型"教师基本标准已经有了比较统一的解释。凡符合下列条件之一者即可认定为"双师型"教师：

（1）具有讲师及以上专业技术职务的教师，累计有两年及以上生产、建设、管理和服务第一线本专业实际工作经历，胜任本专业实践教学工作。

（2）具有讲师及以上专业技术职务的教师，取得本专业非教师系列的中级及以上专业技术职务或本专业的中级及以上职业资格证书，并具有半年以上相应行业的实际工作经历，胜任本专业实践教学工作。

（3）具有中级及以上非教师系列专业技术职务的实践教学指导教师，胜任本专业一门及以上专业理论课程教学工作。

归结起来，"双师型"教师是高等职业教育对专业课教师的一种特殊要求，即要求专业课教师具备两方面的素质和能力：一方面要具有较高的文化和专业理论水平，有较强的教学及教研能力和素质；另一方面要有广博的专业基础知识、熟练的专业实践技能、一定的组织生产经营和科技推广能力，以及指导学生创业的能力和素质。"双师型"教师是指集普通教师素质和工程师（会计师）素质于一体，既是知识的传播者，又是实践技能的示范者，是理论与实践并重的高素质的具有双重专业技术职称的复合型教师。具有经师能力（经典专业知识，让学生学会认知）+技师能力（精湛专业技术，让学生学会做事）+人师能力（价值引导，让学生学会独立生活）+事师能力（职业引导，让学生学会发展）。表现在思想上，"双师型"教师强调有高尚的职业道德，热爱教育事业，热爱高等职业教育，具有敬业态度和奉献精神，具备高尚的人格力量，以自己远大理想、宽阔胸怀、崇高品德、渊博学识和精湛的教艺教育培养学生，为人师表，成为学生增长知识和思想进步的导师，成为学生做人的楷模。在科技文化素质上，要求"双师型"教师具有广博和精深的知识结构。横向上，广泛涉猎信息网络技术、生物工程、生命科学等最新研究成果；纵向上，在自己所教学科方面，掌握本学科的理论知识框架和本专业在国内外研究动态及发展趋势，了解本专业相关的发展现状及最新学术成果等。在能力上，要求"双师型"教师具有操作、演示、维修和检测等多种技艺，有专业实践经历和较强的专业实践能力，具有科技开发、科技服务能力，动手示范能力和运用现代技术进行教学的能力，具有获取各种信息的能力，具有观察、思维、分析研究和创新能力，同时具有团队精神和与人共事的品格及组织管理、联想思维和自我发展的能力。

二、高职院校"双师型"师资队伍建设的举措

教育部要求高职院校充分认识全面提高师资队伍整体素质的重要性和迫切性，切实加大师资队伍建设工作的力度，要通过支持教师参与产学研结合、专业

实践能力培训等措施，提高现有教师的"双师型"比例，要抓好"双师型"教师的培养。因此，高职院校要把"双师型"教师的培养、"双师型"教师队伍的建设放到重要位置，大力宣传建立"双师型"教师队伍的重大意义和必要性。通过学分制选"教师"的程序，使他们感到要提高实践教学水平的压力，转变轻实践的陈旧观念，提高教师向"双师型"方向发展的自觉性和主动性。学校要制订双师型师资队伍建设规划，提出明确的培养"双师型"教师、建立"双师型"师资队伍的目标、任务、实施方案和措施。

（一）提高认识，更新观念

在高等职业教育整体的改革发展中，更新观念是先导，师资队伍建设也同样需要树立全新的观念。

1. 要树立以人为本的观念

高职院校师资管理部门要由传统的以事为中心的人事管理转向以人为中心的人才资源开发，由单纯的管理控制职能转向教师资源的开发、保障和利用。教师管理模式、机制和方法的改革要有利于优秀毕业生的接收和优秀人才的引进，有利于教师潜能的充分发挥，有利于教师资源的优化配置，有利于教师队伍的合理流动。

2. 要树立师资培养以教学为本的观念

高职院校的中心工作是教学，教师是教学的主要实施者。高职院校的师资队伍培养要围绕教学来进行，以提高教学质量为出发点和归宿。为此，师资培养计划和内容都应以提高教师的教学水平为目的来制订和组织、实施。既要重视专业学术水平的提高，更要重视教学学术水平的提高，致力于培养学术大师和教学大师。

3. 要树立开放式师资队伍培养观念

要树立开放的观念，多为教师提供进修、学习机会，让教师最大限度获取前沿学科知识、获取教学方法和经验，提高培养质量和效益。要注意重点培养、全面提高的原则，拓宽"双师型"教师队伍的来源渠道，优化"双师型"教师来源结构，加大具有行业企业工作经历人才的引进力度，在保证程序规范性的同时注重政策灵活性。对行业企业一线、经验丰富、实践操作能力强的高技能人才可适当降低学历门槛，鼓励学校选聘行业企业的高级管理人员担当专业带头人（负责人），打通行业企业与高职院校的人才引进"绿色通道"。

要完善"双师型"教师培养培训计划，实现教师分类分层培养，建立"双师型"教师培养培训体系，形成青年教师基本能力培养、骨干教师双师内涵深化、成熟教师引领能力提升的"双师型"教师培养培训"三路径"。对青、中、老不同年龄结构的教师采取不同的培养、培训战略以尽快提高其双师型能力。推进"双师型"教师培养培训基地建设，在政府充分发挥主导作用下加快校企深入合作和人员的双向流通机制，调动企业在"双师型"教师培养培训过程中的积极性。

（二）调整和优化"双师型"教师培养的内容

"双师型"教师培养的内容，应结合高职院校实际，突出在专业理论知识、专业职业技能、教育科研能力等方面的培养。通过调整和优化培养内容，实现师资队伍整体素质的提升。

对专业理论知识的培养，要求教师以充分满足专业所面向的职业或职业群的实际需要为度，在实际教学中对专业理论知识进行有针对性和实用性的裁剪、筛选和再加工，向学生传授走向工作岗位后必须具备的专业理论知识。专业理论知识的进修应是职教师资培训的重要方面，职教师资在理论知识上的要求并不比普教师资低，只是二者侧重点不同，职教师资理论知识上的要求不在深度，而在广度，在于理论联系实际、理论联系职业和岗位工作的能力。特别是随着科学技术的发展，各专业领域新理论、新发现层出不穷，职教师资必须及时掌握本专业理论知识发展的新动向、新趋势，才能在具体教学中向学生及时传递新信息，传授新知识，避免学生所学与实际工作需要严重脱节。

对专业职业技能的培训，首先要求教师掌握与所授理论课程相当的专业职业技能，仅仅掌握本专业起点和基本专业技能并不能满足实践教学的需要。其次，专业技能的内涵，不仅指具体的技术、技能，也包括在实践工作中获得的工作经验和工作阅历，即教师的知识结构中应有经验性知识和实践工作经历。例如：电信工程类专业的教师要有电子技术、电工技术等方面的专业技能和工作经验；机械工程类专业的教师应懂得模具加工、金属工艺等方面的实际操作和程序的实践经验和资历。另外，近年来，新技术、新工艺大量运用于生产工艺流程和生产岗位，在专业职业技能上引发了突破性的革新和革命，职教师资应关注本专业领域的前沿信息，及时学习和掌握各种在实际操作中应用的新技术。因此，培训计划中应注重培养从业师资具备与其专业相符的专业技能和能力，强调让教师通过各种形式的实践性工作和培训不断更新、补充和提高职教师资的专业职业技能水准。

职业教育的理论、方法论和心理学知识等，也是需要掌握的。这不仅关系到教师能否顺利地进行教育教学和科研工作，而且还将影响所有高等职业教育过程的存在价值和社会效益。为此，高职教师应加强职业教育和心理学理论知识学习，不仅学习职业教育学、职业心理学、教材教法，还应学习教育技术学、教育测量与评估等课程。同时，教育科研能力是提高教学质量和教师学术水平的需要，是由经验型教师向学者型教师转化的必由之路，它能够使教师逐渐进入一种新角色，同时也能提高教师的业务能力。因此，鼓励教师积极开展学术研究活动，踊跃参加科技成果转化、技术改造活动，为学生服务，为企业服务，这样既可掌握最新科技动态，提高科技开发动力和创新能力，更新知识，又能使理论联系实践，直接为教学服务。

（三）建立健全师资队伍建设的规章制度

1. 制定年度目标，营造自觉参与自我约束的环境氛围

切实制定师资队伍建设的年度目标，对师资队伍建设的制度运作至关重要，制度再完备，如果没有与之相对应的具体实施目标，也无法产生制度的运作效益。师资队伍建设的年度目标分两个层面，即学校目标和个人目标。学校年度目标，是指学校围绕师资队伍建设的中长期规划，在充分听取各部门和教师意见的基础上而设定的年度具体目标任务，如教师培养培训的形式、内容、类别、人数和考核，岗位设置及职务竞聘（含人才引进），经费预算额度等。设置具体目标的目的，是让学校各职能部门和教师们清楚地了解学校在师资队伍建设方面的年度任务和具体要求，便于教师们及时调整自己的工作学习思路，使之与完成学校整体目标趋于一致。个人目标是指院系在组织教师讨论的基础上将学校师资队伍建设的年度目标分解到每位教师，使每位教师明白自己的职责及应完成的目标任务，并协助教师有效地制订达到既定目标的计划。在制定目标和分解目标的过程

中，广泛地听取教师们的意见非常重要，因为教师参与的程度越高，自觉参与目标实施的能动性就越大，同时也就越容易将教师个人的发展目标和学校的整体目标融为一体。

2. 实施制度执行责任制

实施制度执行责任制是促使师资队伍建设制度有效运作的重要举措，其目的是强化学校领导和相关责任人员的责任意识，倡导真抓实干、争创业绩的良好风气。实施制度执行责任制首先要明确责任内容。责任内容分两个方面：一是将学校师资队伍建设的中长期规划设定的目标任务和年度应完成的目标任务分时段分解到校领导及相关职能部门负责人和教职工个人，使之成为个人目标责任，如经费到位情况，教师培养培训人数及引进人才情况，教师的教学、科研及自我开发等。二是明确考核内容、程序及办法，将教师的社会服务成果等纳入"双师型"教师评价体系中，推动教师社会实践能力和教学质量的提升，实行全程考核累加递进的考核方式，形成以目标全程考核为基础、年度目标考核为重点的考核体系，从而全面、客观、准确地评价各责任人的工作实绩。

3. 构建落实制度的信息反馈渠道

目标、责任明确后，在具体的制度实施过程中，学校领导和其他相关责任人如何做到上下一致、同心协力、相互监督、相互制约，这就要有一条透明的、灵敏的信息沟通渠道。各校可利用校园网络和办公自动化系统，设置师资队伍建设责任制的专页，定期公布履职情况和阶段考核结果，让各责任人及时了解自己及他人的工作进展及结果好坏等情况，以便相互督促、相互激励。

4. 建立制度修正坐标体系

制度是依据一定时期的工作任务和实际情况而制定的，因此在实施过程中，随着时间的推移和工作环境的变化，制度也有一个逐步完善的过程，完善制度并不能随意修改，而要通过灵敏的信息渠道和手段，不断地将制度运行中的各种状况和参数及时、准确地反馈到学校，通过一定时期的吸收、检验后再通过一定的程序予以修改，以保证制度既有相对的稳定性又能对不符合实际的制度予以修订，从而保证制度的长期运作效果。

（1）合理设岗定编，完善考核、聘任制度

按照上级主管部门规定的编制比例，确定教师编制，提高人才资源使用效益。依据学科类别，按照结构比例，科学地进行中、高级专业技术岗位设置。实行按需设岗、平等竞争、严格考核，合约管理。加强考核力度，每年对教师课堂教学、科研工作和参加教改、课程（教材）建设、实验室建设和其他教学活动及教书育人方面进行综合考核，根据考核情况，进行表彰、奖励、晋升、续聘或缓聘、解聘。

（2）加强合同管理

为确保师资队伍的相对稳定，使教学第一线的教师尤其是优秀骨干教师茁壮成长，在强化爱岗敬业教育的同时，根据学院的相关规定，严格执行教师的服务期限制度，使教师能履行合同约定的相应义务。对不能履约的教师，要追究相应的违约责任。

（3）提高教师的待遇

按照尊重劳动、尊重知识、尊重人才、尊重创造的要求，建立和完善教学奖励、科研奖励制度，从精神上、物质上鼓励广大教师，借以更好地调动一切积极因素，为实现学校的育人目标而共同努力。

（4）强化教学服务的基本功训练

熟悉教学规律，掌握心理学、教育学基本理论，精通教学法，真正实现向教师角色的转换，使之成为能够熟练运用教学艺术的合格教师应当作为首要条件。更新知识，扩大知识面，加强专业建设学业支撑的力度，这是使高职院校教师不断完善知识结构，适应科技发展，提高师资队伍利用率的需要。短期适应性培训，不断加大教师参加项目机会，解决师资数量不足、层次偏低、骨干与专业带头人及"双师型"教师少、教育教学理论及技能不足等现实问题，还要充分参照国际高等职业教育的特点、发展趋势及其师资队伍建设与管理的经验，进行深入的思考和独创性的建构。

（5）建立高职师资队伍建设的新机制

①引进机制。在满足高职师资数量需求时，必须充分考虑到高职培养人才的"能力本位"特点，构建起独特的师资引进机制。一方面要按照目前高职院校教师实际需求量较大的特点，广开师资引进渠道，通过向社会公开招聘高水平教师来扩充高职教师的数量。同时更重要的是，在引进中要突出教师的"应用技能"这一重点，在严格把好"能力"关的同时，要注重从企业、产业部门引进一些有实践经验的技术骨干，他们一般应具有工程系列的中高级技术职称，有多年在

一线从事技术工作或管理工作的经历，经过教师培训，取得任教资格。他们更适合于做技术实践课的教师，也可以做技术专业理论课的教师。还要注重从生产一线选聘有实践经验的技术骨干经过教师培训做兼职教师，不断加大兼职教师的比例，作为向"双师型"方向发展的一项重要措施，从而构建起高职院校师资引进的独特机制。

②师资结构调整、培训和培养机制。大力调整现有师资结构，其重点就是要使教师中"双师型"教师、学科带头人和科研骨干人员占有合理的比例。特别是面对"双师型"教师的缺口，仅靠引进是远远不够的，还要立足于自身的师资培训与培养，使现有的教师向"双师型"教师发展转变。为此，必须构建全新的高职师资培训培养机制。在政府和行业协会的支持下，让高职院校和产业界广泛合作，建立独特的高职师资培训培养机制。企业的广泛参与，提供了师资培训培养的重要基地。高职院校与企业联合成立科研基地、实验基地等，派教师到企业合作进行技术开发。"要提高教师实践能力，必须加强学校和企业之间、教师和企业之间的紧密联系。有了这种联系，学生进行真枪实弹的实践锻炼就有了机会；教师也就有了学习提高的条件，有了新知识和新技能的来源，有了新发现的可能，有了科学研究的目标和动力。"使教师在实践中不断成长，最终成为学科带头人和科研骨干。与此同时，高职院校还必须大力依靠特有的高职院校师资培训机构、省级高职院校师资培训中心等机构，通过让高职教师在职申请学位进修、访学进修等多种途径对高职师资进行培训培养，以提高高职师资结构的学历层次，并造就一批学科带头人，使高职的师资结构趋于合理。

③激励机制。建立"双师型"教师培养与考核评价良性互动关系，完善考核评价体系和激励机制，夯实过程性评价，将教师自评、同行互评及学生评价相结合，引导教师针对评价结果开展自我整改。同时，适时引进专业性评测机构，在职称评审、岗位晋级、课时津贴等方面给予"双师型"教师适当的政策激励，激发教师双师素质提升的内生动力。

（6）创新教师管理制度

改革教师管理模式。逐步取消身份式的师资管理制度，积极探索契约制和岗位制的高职师资管理制度。高职院校依法实施用人自主权。按照相对稳定、合理流动、专兼结合、资源共享的原则，探索和建立相对稳定的骨干层和出入有序的流动层相结合的教师队伍管理模式及教师资源配置和开发的有效机制。通过加强协作、联合办学、互聘教师、延聘专家等多种途径，拓宽教师来源渠道，促进教师资源的合理配置和有效利用。要利用产业结构调整的契机，积极采取措施，面向企业和科研机构招聘优秀人才担任专职或兼职教师。

深化内部管理模式。按照《教师法》和国家的有关规定，根据按需设岗、公开招聘、平等竞争、择优聘任、严格考核、聘约管理的原则，高职院校依法自主评聘教师，吸引优秀人才从教。要着手研究制定高等职业教育"双师型"教师职称评定标准。该标准与普通高等教育系列职称评定标准有区别，反映高等职业教育教学的特点，但在级别和待遇上应相同，以鼓励广大教师专心于高等职业教育教学工作。在分配上向有突出贡献的优秀拔尖人才、学术带头人和中青年教师倾斜。建立特殊岗位津贴和基础科研津贴等符合高职院校特点的岗位津贴制度，吸引和稳定优秀拔尖的学术人才和技术人才。

师资建设相关规章制度的建立健全，引入人才竞争机制，属于高职院校管理软硬件的一个部分，是高职教学管理体系的重要内容，必须纳入教学管理机制的整体构建，通过高职师资建设和管理的科学化、规范化和系统化，达到提升高职院校核心竞争力的目的。

（四）探索"双师型"教师的培训路径

加强双师型教师的培训有多种途径：

一是校本培训。它是一种由学校自行策划、自行组织、自行实施、自行考核的教师培训模式。其核心是培训的自主化和培训的个性化，即培训完全服务于本校的实际需要，培训内容和形式完全根据本校及本校教师的特点来编制设定，培训者基本由本校的教师来担任。校本培训目标非常明确具体，培训工作与日常工作密切结合，培训成果及时体现在教师的工作之中；培训地点在本校，培训时间与工作不冲突。

二是校外培训。目前全国有多个全国重点建设职教师资培训基地。职教师资培训基地覆盖了大部分应用型专业和应用型学科。依托普通高等学校和职业师范学院建立起的职教师资培训基地来解决高职教师的培养培训问题，是一个既能发挥现有教育资源的优势，又能够适应高职教师特点和需要的一种有效途径与形式。

三是加强同企业的广泛联系，建立稳定的校外实习和培训基地。校企合作办学是促使教师深入生产第一线的最佳途径，是培养"双师型"教师的突破口。通过合作办学，能使专业课教师更好地掌握专业技能。与企业合作过程中必然要了解和掌握技术生产过程，掌握企业劳动组织过程。这样将提高教师特别是青年教师的实践能力，逐步成为"双师型"教师，教学水平也相应有所提高。同时，鼓励教师大力推行科技服务与开发，也是促使教师向"双师型"方向发展的重要途径。

四是自主培训。自主培训没有特定的形式，主要是教师根据自身的情况阅读材料，请教他人，记下学习所获。自主培训的优点是不拘形式，教师自己可以灵活掌握，对自己的长处和短处也最了解；缺点是教师要有较高的自觉性和悟性，否则就难以达到理想的培训效果。

除上述的四种途径外，还有各种各样的方法，如围绕专业办产业，办好产业促专业，培养"双师型"教师；选派优秀教师挂职顶岗锻炼；以科技项目为载体锻炼教师；组织社会实践锻炼教师；拓宽"双师型"教师的来源渠道；等等。

三、兼职教师队伍的管理和建设

兼职教师在高等职业教育教学、实践指导中有着不可替代的作用，是高等职业教育培养目标实现的重要保证。职业院校积极从企事业单位聘请兼职教师，实行专兼结合来改善师资结构，来打破制约自身师资队伍建设的"瓶颈"，从而构建稳定的教师队伍，这点已经成为业界共识，因此，教育部高职院校教学改革试点专业的遴选和示范性高职院校的评价体系中，均把兼职教师队伍建设作为一项重要的评价指标列入其中，意即引导学校重视此项工作。

（一）兼职教师队伍建设举措

1. 加强管理

（1）健全机构、明确职责。建立兼职教师专门管理机构，由专管机构负责聘用兼职教师的各项管理文件和制度的制定，以及兼职教师试讲、面试的组织，考核、聘任、证书发放、服务等工作。教务部门负责兼职教师业务指导及培训，聘用部门负责考核，专管机构负责聘后监管及数据信息数据库建立。

（2）严把入口关。兼职教师来源广泛、成分复杂、流动性较大，基本上都是单位的骨干和业务能手，常常不能很好地处理本职和兼职的关系，这给高职院校的管理工作带来了诸多困难。因此高职院校专管机构应主动深入拟聘兼职教师工作单位第一线，多形式、多渠道、全方位了解拟聘教师的思想品德、工作责任心和事业心、专业水平和实践技能、工作业绩等情况，全面掌握拟聘兼职教师第一手资料，并把职业道德、教书育人、为人师表、专业知识和业务技能作为聘任兼职教师的依据。

（3）严格程序。聘用前要求兼职教师进行试讲，由专管机构组织教务、高教、聘用部门等相关人员听课，对其教学水平、教学能力、技术水平及工作业绩进行全面评价和论证，科研处进一步确认其学术成果、科研能力，在综合考核的基础上，报分管教学领导审批同意后（资深教师和专家，经分管教学领导批准，可不试讲），由专管机构统一发放兼职教师聘任书，并签订兼职教师聘用协议书，明确兼职教师的责、权、利、聘期和待遇等相关事项。

（4）建立业绩档案。聘用部门负责建立兼职教师业绩考评档案，将平时同行教师听课记录、部门和教研室考核、所授课程班级学生测评及考核兼职教师的教学水平、工作质量、工作态度等材料全部装入教师业绩档案，并作为续聘或解聘兼职教师的依据。

2. 加强培训

由于兼职教师大多来自生产一线，对高等职业教育规律和教学模式不太熟悉，因此，对他们的培训更多的是着重于教育教学理论的培训，要组织他们参加学院有关的教学会议、教学教研活动和实习、实训基地建设工作。通过培训使他们具有教师的基本素质，促使他们向"双师型"教师转化。教务部门应加强兼职教师"高等职业教育学""高等职业教育心理学""高等职业学校职业道德修养"等的培训，定期举办"教育创新""现代教育技术""教育科学研究方法""教师形象""教学艺术"等专题讲座，以及有利于提高兼职教师教育教学水平的经验交流会、座谈会、学术报告会，鼓励他们申报科研项目和课题研究，让他们尽快掌握高等职业教育的规律和人才培养方向，全面树立现代高等职业教育人才观、质量观、教学观。还要强化聘后考核，加强兼职教师聘后监管。聘用部门严格按照聘用协议书明确的职责和义务，对兼职教师实行定期和不定期考核，并将每次考评材料装入兼职教师业绩档案。在聘任期满前，兼职教师填写兼职教师考核鉴定表，详细总结聘期内的教育教学、科研等工作情况，聘用部门及教研室在全面考核的基础上分别写出是否续聘等建议，报分管教学领导签署意见，专管机构发文通知聘用部门及受聘人员是否续聘。

3. 建立激励机制，强化人文关怀

建立健全高职院校自主聘任兼职教师的办法和激励机制，借助校企利益共同体、产教融合平台，促进校企双边合作、人员双向流动。将兼职教师培养培训纳入师培计划，通过提升待遇、丰富文化活动等方式提升兼职教师的荣誉感、归属感和获得感，进而稳定兼职教师队伍，提升兼职教师的"双师"素质。

高职院校聘用兼职教师，应运用市场经济规律，遵循市场的原则，建立兼职教师激励机制和竞争机制，实行"多劳多得""优劳优酬"的分配机制，推行"优绩优聘""优能优聘"的聘任原则。以兼职教师的工作态度、工作质量及履行协议情况作为续聘与否的主要依据，即使具有同样的学历和职称的兼职教师，但其教学能力、科研能力和取得业绩不同，其聘用期间的待遇也不一样。对教学能力强、业务水平高、理论联系实际较好的兼职教师给以优厚的待遇，对取得重要贡献且深受师生好评的兼职教师，应给予一定的物质奖励和精神奖励。对责任心不强，教学水平和教学质量与其学历、职称不相称的兼职教师，在待遇上实行降档执行。建立激励机制，有利于稳定兼职教师队伍，增强兼职教师教书育人的工作责任感和事业心，激发兼职教师的工作积极性和创造性。

总之，高职院校坚持走专职和兼职教师相结合的道路，将会是高职院校师资建设中的一个长期战略选择，保持一定比例和稳定的兼职教师，是高职院校办学特色的需要。因此要充分认识到兼职教师的重要意义，切实加强对兼职教师的聘任和管理，建立兼职教师的激励机制和竞争机制，真正建设一支人员精干、素质优良、结构合理、专兼结合、特色鲜明的教师队伍。

第四节　"双师型"师资的培养和管理

一、职业院校"双师型"教师的培育内容

(一)职业道德与工匠精神

1. 工匠精神的"双师型"版本

无论是何种表征的工匠精神，都是历史的必然性选择，因为它有着独特的社会价值和思想基础。工匠精神的"现代复兴"是多元消费的需要，是社会发展自主创新的需要，是技术信仰的需要，是职业分工的需要。

现代职业教育"双师型"教师是学生最经常、最直接、最具权威性的榜样，是人类灵魂的工程师。他们不仅是教学过程的组织者、引导者，更能对新时代学生人格、学识、价值建构产生极大影响。培育学生的工匠精神，首先应抓好现代职业教育"双师型"教师培育，切实强化"双师型"教师的工匠精神。

(1)工匠精神与率先垂范

工匠精神是一种兼具传统内蕴和现代价值的精神系统。工匠精神包含"工匠"和"精神"两个方面的特质。在现代职业教育过程中，"工匠"指的是技术技能的传授；"精神"指的是教师爱岗敬业、关爱学生、追求卓越的育人精神。工匠精神体现在现代职业教育"双师型"教师身上，表现为教师对教学内容的精雕细琢、对教学方式的精益求精、对提升教学质量的执着追求；表现为以严谨的态度对待学生，利用自己已有的知识、技能和物质条件帮助学生不断改进与提高。因此，除了教授技术技能，现代职业教育中的教师还要通过人格精神的"垂范"，感染和影响处于发展、成熟过程中的学生，潜移默化地促进学生工匠意识的树立和工匠精神的强化。

(2)工匠精神与职业精神

工匠精神核心在于"匠心"。匠心就是一种信念或者说是一种情怀，是把一项工作或一件事情、一门手艺当作信仰和追求的执着。

工匠精神是一种职业精神。在现代职业教育"双师型"教师培育过程中工

匠精神应该涵盖四个层面：精益求精、持之以恒、爱岗敬业、守正创新。精益求精是工匠精神最值得称赞之处；持之以恒是职业心境的从容淡泊，也是工匠精神最为动人之处；爱岗敬业体现在工作中，主要是注重细节；守正创新则彰显了工匠精神的时代气息。

（3）"工匠精神"与育人目标

从实践上讲，"工匠精神"包括专业性、职业性和人文性，现代职业教育"双师型"教师在培育自己和学生的"工匠精神"时，要从这三个方面出发，从专业技能的提升、职业标准的规范及职业情怀的培养来实施"工匠精神"的培育。不仅要注重实践能力，还要注重人文素质的培育，提升和构建职业情怀、职业意识和职业思维，培养精益求精、不断探索、追求进步的职业精神，以获得现代职业教育"双师型"教师和学生心中"工匠精神"的双重丰收。

2."双师型"教师"工匠精神"培育策略

（1）"双师型"教师"工匠精神"培育的五个必须

①必须爱岗敬业。教师是知识的传播者，爱岗敬业是教师应具备的基本素质。只有爱岗敬业，才能具有崇高的事业心和高度的责任感，以勤勤恳恳的态度、一丝不苟的精神去引领学生。一句话、一堂课、一次作业、一个班会、一番释疑都可以体现"双师型"教师是否具有爱岗敬业的工匠精神。

②必须严谨做事。校园无小事，事事皆学问，时时皆教育。工匠的成长必须有一种老实的态度、严谨的作风，甘愿从基础做起，从小事做起。作为"双师型"教师，必须脚踏实地，从点滴做起，积沙成塔，集腋成裘，一步一步走向"工匠"。

③必须认真教学。认真备好每一节课，专注上好每一节课，仔细批改每一本作业，用心指导每一场实践，坦诚解答学生每个疑惑，就像工匠精雕细刻每一处细节。

④必须注重身教。"亲其师，信其道。""双师型"教师要发挥自身的示范作用，时刻提醒自己以身作则，包括行为、仪表与谈吐。要求学生做到的事情，必须自己做到，使学生的心灵受到触动，从而产生理解和信任。

⑤必须不断创新。创新发展是新时代的主旋律。面对职业院校存在的学生厌学、对专业陌生及学习习惯不好等问题，"双师型"教师在日常的学生管理中，

就要有服务意识和创新意识，建构新型的师生关系，传授新颖的知识技能。

（2）"双师型"教师"工匠精神"培育的三个坚持

精益求精、精雕细琢的"工匠精神"的形成非一日之功，需要对"双师型"教师进行全方位的培育。这主要体现在以下三个坚持上。

①坚持职业标准，培育精益求精的工匠品质。现代职业教育的过程中，"双师型"教师需要打破传统的人才培养观念，树立人人平等的现代职业教育思想，改变过去重实践技能、轻人文素质的职业教育理念，注重"以人为本"与"工匠精神"的有机结合，将提升实践技能与人文素质结合起来，将社会对人才的需求与学校的人才培养标准结合起来，在教学实践中严格按照相应的人才培养标准执行，不断提升学生的一丝不苟、持之以恒的工匠意识，培育学生耐心、细致、循序渐进、精益求精的工匠品质。

②坚持规范操作，培育一丝不苟的工匠技艺。现代职业教育教学的过程中，"双师型"教师要关注学生的每一个行为、每一个细节，处处严格按照企业的生产规范要求学生，将"工匠精神"的培育融入职业教育中，重点培育学生的耐心、细心、专注的职业品质，培育学生一丝不苟的工匠技艺，不断提升学生的服务意识与服务技能，这些既是培育学生的基本职业素养，也是"工匠精神"的基本要求。最终将"工匠精神"内化为学生的一种职业意识，同时也将"工匠精神"铸炼成"双师型"教师自身的职业素质。

③坚持职业情怀，培育执着敬业的工匠精神。现代职业教育过程中，"双师型"教师既要注重对学生的职业技能教育与培训，又要对职业院校的文化课程进行职业化改造，将现代的职业、产业、行业、专业等特征结合在一起，培育学生对职业的敬畏和对专业的兴趣，培育学生爱岗敬业的精神和热爱专业的职业情怀。"双师型"教师要通过自己的言传身教，提高学生对岗位职责的认知能力，让学生在实践学习的过程中做到躬行践履、知行合一，规范自己的实践操作，实现从知识、技能、态度到素养、精神、能力的高度融合，形成良好的职业情怀，在现代职业教育的过程中真正落实对"双师型"教师和学生之间"工匠精神"的双向培育。

（二）职业院校"双师型"教师培育内容

1. 着力促进专业成长

（1）教师专业化的基本含义

教师专业化是指教师职业具有自己独特的职业要求和职业条件，有自己的理想追求，有自身的理论基础，有自觉的职业规范和培养制度及管理制度。

高度成熟的技能技巧，具有不可替代的独立特征，教师不仅是知识的传递者，而且是道德的引导者，思想的启迪者，心灵世界的开拓者，情感、意志、信念的塑造者；教师不仅需要知道传授什么知识，而且需要知道怎样传授知识，知道针对不同的学生采取不同的教学策略。

教师专业化既是一种认识，更是一个奋斗过程，既是一种职业资格的认定，是一种终身学习、不断更新的自觉追求，更是现代职业教育"双师型"教师培育发展的一处路标。

教师职业从经验化、随意化到专业化，经历了一个逐步发展的过程。如果从现代教学形式班级授课制的建立，教师开始成为一种专门职业算起，教师专业化已经经历了300多年的历史。20世纪80年代以来，教师专业化形成了世界性的潮流。教师专业化要求教师不仅是有知识、有学问的人，而且是有道德、有理想、有专业追求的人；不仅是高起点的人，而且是终身学习、不断自我更新的人；不仅是学科专家，而且是教育专家，具有像医生、律师一样的专业不可替代性。这就对现代职业教育"双师型"教师培育提出了新的要求。

（2）现代职业教育"双师型"教师的专业成长

①现代职业教育"双师型"教师专业成长的内涵。

现代职业教育"双师型"教师是相对于普通教育教师而言的，根据职业教育培养技能型人才的需要，对专业课教师提出素质和能力要求。"双师型"教师专业成长是专业课教师学习成长和再成长的过程，其基本内涵具有阶段性、职业性和终身性。第一阶段是专业课教师成长为"双师型"教师的过程，第二阶段是"双师型"教师向更高的目标奋斗，实现专业发展的过程。两个阶段都需要明确的目标引领和具体的指标界定。"双师型"教师专业成长既是教师职业领域的成长，也是行业企业职业领域的成长，这给"双师"赋予了双重职业属性。

经济发展、行业企业转型升级、技术技能更新及职业教育领域不断改革深化等因素，决定了"双师型"教师专业成长目标是动态和发展的。因此，"双师型"教师专业成长永远在路上，没有终点，应该属于终身学习理念范畴。

②现代职业教育"双师型"教师专业成长的顶层目标。

当前，各地相继制定"双师型"教师认定标准，如在职业资格上要达到"双证"要求，在工作能力上要达到"双能"要求，在职业背景上要达到"双重"要求，兼具教科研和技改能力，体现双重职业和技术技能的"双融合"要求等，总体原则上与现代职业教育自身内涵建设要求和价值取向相匹配，与区域内行业企业技术技能和素养要求相对接。

"双师型"教师标准的认定，强调优秀教师和优秀技师在同一个人身上不是简单相加，而是双向融合；能够把复杂的技术技能和行业素养以学生易懂、易接受的方式传授给学生，并根据行业和工作过程要求，整合理论知识、整合教学资源、进行课程设计，使学生乐于学习和训练。

但就"双师型"教师专业成长而言，仅具有以上标准的素质是不够的，已经成为"双师型"的教师还要继续学习和锻炼，实现更高标准的专业成长，专业的吸引力和现代职业教育的吸引力皆在于此。按照构建现代职业教育体系的要求，现代职业教育办学的使命和根本任务应体现在两个方面：一是培养技能型人才，满足行业企业现实的用人需求，以技术技能服务和支撑行业产业的发展；二是通过教育手段使自然人与职业结合，培养现代职业人，满足学生的职业发展需求。高水平的"双师型"教师正是这两个方面内涵的承载者和实施者。因此，要制定"双师型"教师专业成长的顶层目标，就要将着眼点提升到现代职业教育办学的使命和根本任务的高度上来。这个顶层目标包括以下五个方面。

一是基本素质方面。具有"双高"职称，既有教师系列高级专业技术职称，又有专业对应工种高级技师或高级工程师资格。

二是教学能力方面。要有高尚的师德修养和高水平的教育教学能力，传授学生知识与方法结合，树立学生自信与启迪智慧结合，达到本区域内名师或特级教师水平。

三是专业技术方面。要掌握区域内行业尖端技术技能，能带领团队开展企业生产技术革新或经营管理改革，解决或协作解决企业在生产经营中的技术难题。

四是科研能力方面。能够主持省市级以上科研课题研究，撰写论文、编写教材、课程开发等，在区域内有较大影响力。

2. 构建自我监控体系

教学质量是职业院校长盛不衰的保证，也是现代职业教育"双师型"教师培育自我提升的需要。现代职业教育教学质量主要体现在三个层面：一是满足学生个人需求的程度，即学校的专业设置、师资水平等要满足受教育者的求学和就业及可持续发展的需求；二是满足经济社会需求的程度，即专业的课程设置、教学内容、教学过程等要满足用人单位和学校自身可持续发展的需求；三是满足政府需求的程度，即专业设置和开发要满足政府产业结构调整和就业与再就业的需求。教学质量本身具有多元性，它与学校的专业建设、课程开发、教学过程、资源管理等多个方面有关。对现代职业教育"双师型"教师培育而言，提高教育质量关键之一是构建教学过程的自我监控体系。

教学过程的自我监控体系是现代职业教育"双师型"教师对教学质量的一种自我监测与控制，它包括教师对于教学目标的把握、课程教学内容的分解、单元教学目标的设定、教学过程的设计与实施、教学效果的评价与改进五个方面。由于教学对象是有个性的学生，所以"双师型"教师在现代职业教育的教学过程中应突出"以人为本，因材施教"的教学理念。

（1）教学目标的把握

具体包括国家对现代职业教育培养目标的要求、社会对技能型人才的需求和提高职业院校学生文化素养的需要。现代职业教育"双师型"教师应在了解专业教学计划、熟悉相关课程教学大纲的基础上，通晓主讲课程的专业知识要求和职业技能标准，确定主讲课程的教学内容和教学目标。

（2）课程教学内容的分解

课程教学内容分解主要考虑以下四个方面：一是主讲课程的教学计划课时和总体教学目标要求；二是平行课程、后续课程对主讲课程的具体要求；三是职业技能对主讲课程的职业要求；四是职业学校学生的学习能力和学习特点。

（3）单元教学目标的设定

布鲁姆的教育理论认为，"目标教学"是一种在教学目标指导下进行的教学活动，根据目标评价教学效果，利用评价结果控制、调节教学活动的科学教学模式。根据布鲁姆的教育理论，在教学过程中，应根据每一堂课的教学内容，为学生设定简单、明确的单元学习目标，在学习目标指导下开展教学活动，最后通过课堂练习和测验来检验学习目标的成效。

（4）教学过程的设计与实施

职业教育的根本目的是培育人，不是选拔或淘汰人。进入职业院校的学生文化基础差、个体差异大，为了使每个学生都能得到适合自身特点的最佳教育和发展，"双师型"教师不仅是学生知识和技能的传授者，也是学生人生观和价值观的引导者。在教学过程的设计与实施中，可根据学生特点，着重做好以下五方面的工作：一是设定细化的课堂学习目标；二是采用直观的教学方法和手段；三是及时对课堂教学目标进行反馈；四是辩证地看待"教"与"学"的关系；五是引导学生树立正确的人生观和价值观。

（5）教学效果的评价与改进

对现代职业教育"双师型"教师而言，教学效果主要体现在对学生学习成效的评价上。学习成效评价的目的有二：一是培养学生良好的学习习惯，树立正确的学习目的和态度，增强学习责任感，提高学习能力和学习效果，促进学生全面发展。二是帮助教师在教学过程中及时了解和掌握学生的学习情况，改进和完善教学内容和教学方法；根据学生的具体情况指导学生的学习，帮助学生提高学习能力和学习效果。

现代职业教育的发展取决于学校的教学质量，现代职业教育"双师型"教师教学过程自我监控体系的构建是提升教学质量的有效举措，既是"双师型"教师的职责，也是"双师型"教师自身培育和发展的需要。为了使现代职业教育满足政府、企业、学生的需求，实现"教师乐教、学生乐学、社会乐用"的愿景，现代职业教育"双师型"教师培育要夯实基础，不断关注社会的发展、科技的进步、学生的需求，不断学习新知识、新技术、新方法和新工艺，不断思考出现的新现象和新问题，使自己的教学更加贴近企业的实际、适合学生的特点、满足国家的需要。

（三）职业院校"双师型"教师培育内容的渗透

1. "跨界"的培育路径

（1）"跨界"意义

随着现代职业教育的快速发展，其办学过程逐渐跨越学校的围墙，延伸到社会、企业、事业的领域。无论是校企合作，还是工学结合，都从学校"跨界"到校门以外，"跨界"可以说是现代职业教育区别于普通教育的特征之一。现代职业教育"双师型"教师的跨界培育，是"双师型"教师自身发展与时代变革彼此互动的一个过程，它既回应了教师个体发展的内心诉求，也迎合了现代职业教育蓬勃发展的现实需要。在教师专业化已经成为现代教师发展典型范式的背景下，现代职业教育"双师型"教师跨界培育由于职业教育本身的特殊性而表现出了独特的内涵。以现代职业教育的"跨界"特征为基点，"双师型"教师必须跨越"职界"与"校界"，即既能从事教学工作，又能承担社会服务，并具备相应的实践技能，做到所跨之"界"兼而顾之。

现代职业教育"双师型"教师的跨界培育，是"双师型"教师个体不断成长、持续完善和全面进步的要素，更是适应现代职业教育自身发展需要与社会经济对人才培养需要的不二选择。随着中国大力推动产业结构的优化升级，高新技术产业和新型服务业都对现代职教教师的知识结构、知识体系和知识层次提出了新的要求。要发展现代职业教育，就必须促进职业教育教师的跨界发展。为适应社会经济转型与产业升级对技能型人才的需求，增强职业教育办学的吸引力和核心竞争力，现代职业教育的办学模式必须进行相应的转型，人才培养规格必须进行对等升级，"双师型"教师的跨界培育便是其中的重要一环。毋庸置疑，现代职业教育"双师型"教师跨界培育，是职业院校教师队伍建设的特定要求，是职业院校教学改革的必然选择，更是现代职业教育"双师型"教师培育的特色所在、本质所系。现代职业教育"双师型"教师的跨界是历史进步使然，是现代教育改革使然，是"双师型"个人价值实现的需求使然。随着教师跨界在现代职业教育领域的不断演进和变革，"双师型"教师越来越成为职教教师专业化的"形象代言人"，也成为推动现代职业教育改革和发展的强劲动力。

（2）"跨界"典型案例

目前，国内很多职业院校积极探索的"教师工作室"，正是现代职业教育"双师型"教师跨界发展成长的路径之一。

工作室教学模式发端于德国的包豪斯设计学院。早在 20 世纪初，为了培养出既具有较高理论素养，又掌握工艺技能的高素质人才，包豪斯设计学院开始尝试"艺术与技术相联合"的作坊教学。中国职业院校的工作室教学是在借鉴德国包豪斯设计学院双轨制教学的基础上，结合自身学校及教育特点逐步发展而来的。

在现代职业教育改革的实践中，经济社会的发展对职业教育转型升级提出了更高的要求，"双师型"教师的工作职能出现了深刻的变革，这种变革投向"双师型"教师的工作实践，提高了"双师型"教师劳动的复杂程度和创造性质。这些职业院校的跨界探索，无疑重新诠释了"双师型"教师专业化的含义，也为"双师型"教师的成长搭建了更为优质的平台。

"双师型"教师的专业化不应该只是一种期待，它更需要理性的变革和整体的规划。在专业化发展的过程中，自下而上的探索，比如"双师型"教师的意愿、学校的实践，这些固然重要，但是自上而下的扶持，比如从国家战略和各省教育发展的角度出发，在体系建构、渠道建设、管理创新、制度改革、经费投入等方面加大"双师型"教师专业化力度，同样刻不容缓、意义重大。可喜的是，近年来，不论是中央，还是地方政府，都越来越重视职业教育的发展，相继出台了很多措施（跨界工作室即为一例），并加大了对职业教育的投入，力度之大令人振奋，"双师型"教师培育也取得长足进展。

2. "联合"的培育功能

现代职业教育"双师型"教师联合式培育是一种以培养学生的全面素质、综合能力与就业竞争能力为目标，以现代职业教育"双师型"教师培育为重点，利用学校与企业两种不同的教育环境和教育资源，采取课堂教学与实践教学有机结合的方式，培养适合社会需要的、具有全面素质与创新能力人才的教育模式，也是现代职业教育"双师型"教师培育的重要内容。

（1）现代职业教育"双师型"教师联合式培育的特征

现代职业教育"双师型"教师联合式培育的一般特征包括养目标的应用性、

专业设置的职业性、教学内容的针对性，其突出特征为：主体与环境的双元特征更明显，学生实践情境更真实，人才的输入与输出更通畅，"双师型"教师培育更有效。

（2）现代职业教育"双师型"教师联合式培育的主要类型

现代职业教育"双师型"教师联合式培育在借鉴国外合作教育经验的基础上，开展了多种多样的试验，创造了多种多样的形式，主要有"工学交替"式、"2+1"式与"订单"式等几种形式。

①"工学交替"式。这种形式是将一年分为三个学期，每一学年中有两个理论教育的学习学期、一个到企事业单位顶岗实践的工作学期，是一种学生到企业生产实践与在学校理论学习相互交替、学用紧密结合的办学模式。本模式的最大特点是，学生先到企业实践然后进行理论学习，企业参与育人的全过程，学生具有双重身份，在校学习理论时是学生，在企业实践时是企业员工。这种模式突出了实践在学习中的作用。

②"2+1"式。这是中国职业院校常用的一种校企联合方式。具体讲，就是三年教学中，两年在学校学习，一年在企业实践。校内教学以理论课为主，辅之以实验、实习等实践性教学，校外实践以上岗实习为主，同时学习部分专业课，结合生产实际选择毕业设计题目，并在学校与企业指导教师的共同指导下完成毕业设计。"2+1"不完全是一个时间概念，不是两年与一年的简单叠加，而是强调对学生综合素质、动手能力及解决实际问题能力的培养。

③"订单"式。这种形式就是学校以企业用人协议（订单）为依据，根据企业的用人要求组织人才培养工作，实现产销链接、对口培养，确保人才培养与社会需求同步。

第七章
高职教育的专创融合探索

第一节　专创融合的必要性和可行性

一、何谓专创融合

（一）何谓"三创"

1. "三创"的内涵

"三创"重要论述有其特定内涵，创新侧重理念，创业重在实践，创造强调精神。创新创业创造又融为一体，创造是创新创业的灵魂和动力，创新创业是创造的归属和实践，创新创业创造都是新时代所需要的新面貌和新作为。

创新创业创造精神源于中华民族艰苦奋斗、自强不息的精神传统和文化内涵，又是中国梦伟大实践中的民族精神的自我升华。必须站在中华民族伟大精神的高度去认识和把握这一重要论述，让创新创业创造精神变成汇聚实现中国梦的重要精神动力，推动各项事业日新月异地发展。

2. "三创"的必然性

"三创"重要论述是应对国内外复杂形势的战略判断。

（1）创新创业创造是大势所趋，是应对新一轮科技革命和增强国际影响力的必然要求。在科技革命和国际竞争新背景下，唯有掌握创新创业创造的制高点，才能增强在国际竞争中的话语权和影响力。

（2）创新创业创造是高质量发展的必然要求。中国经济总量稳居世界第二位，但中国人口、资源、环境压力越来越大，要通过以创新创业创造理念为引领，构建新的微观激励约束机制和宏观制度环境，以思维方式、行为方式和发展方式的"三大转变",推动经济高质量发展落向实处。

(3)创新创业创造是民族精神的体现,基本实现国家现代化的基点在创造,着力点在创新,突破点在创业。其内核是将中华民族伟大创新创业创造精神点燃,为中国经济发展增添新动力、打造新引擎。

3. 对"三创"的理解

(1)全面准确理解"三创"论述的重要内涵。"三创"不是个别领域和某一方面的创新创业创造,而是全面创新创业创造,涉及上层建筑与经济基础、生产关系与生产力的全要素、全系统、全方位的改革创新。"三创"不仅是新技术、新产业、新业态等物质范畴的创新突破,更是涉及伟大民族精神内核的创新重塑,要让创新创业创造在全社会蔚然成风。

(2)狠抓落实,推动"三创"蓬勃发展。要始终弘扬创新创业创造精神,推动创新创业创造教育在学校生根发芽,推动创新创业创造成为全社会的主动追求。"功以才成,业由才广",要面向未来,落实鼓励全社会创新发展的各项政策措施,积极培育一批顶尖科学家、一批创新企业家、一批大国工匠,为实现中华民族伟大复兴的中国梦提供不竭动力。

(二)何谓"三创教育"

1. 创新教育

创新教育是以培养适应社会需求的创新型人才为目的,以发掘学生的创造潜能为宗旨,在教育活动中融入创新活力,重在培养学生系统地掌握学科知识的同时提高自身的创新能力,着重提升学生的创新精神与解决问题能力,是全方位、全过程的教育活动。

创新教育的重点内容如下:

(1)培养创新精神。在教育活动中,以丰富受教育者的创新理念、创新情感、创新观念、创新态度等为重点,促使受教育者产生强烈的创新求知欲。

(2)培养创新能力。创新能力有创新活动、创新意识和创新思维三个要素。

(3)培养创造能力。通过实践活动,提升受教育者的想象力、联想力、变通力等。

(4)促进个性发展。在尊重受教育者个性差异的基础上,激发受教育者的批判性思维，最大限度地引导受教育者的多元发展。

创新教育是对传统教育进行改革与改良，即在教育观念、教育体制、教学制度、教学内容、教学方法与手段等方面进行创新，创造一种反映新时代精神的新型教育。

2. 创业教育

创业教育的目的是推动更高质量的就业，培养学生掌握创业知识、技能，激发学生的创业意识，进而改变学生原有的就业观念，利用教学内容、教学手段等方面的改革，以及"第二课堂"实践活动的开展，强化学生综合素质，培养出具有创业能力与创新能力的高素质人才。

创业教育是在创造教育和创新教育的基础上着力培养学生的创业精神、创业技能和创业人格的教育。它鼓励学生在求学过程中或毕业后自主创业，安居乐业，建功立业。

创业教育的重点内容如下：

（1）更新观念。提倡和培养学生自立、自治、自强的精神，脱离父母的依赖，依靠自己掌握的知识和能力，开创属于自己的事业。

（2）勇于实践。敢于在实践中探索，不怕失败，锐意进取，勇于接受挑战，自强不息。

（3）找准定位。指导学生运用所学的知识和能力适应社会，找准适合自己的创业定位。

创业教育的有效途径包括：营造创业前的氛围，请创业成功者来校讲创业的历程、艰辛和成功的经历，培养早期的创业意识和欲望；适时举办创业知识竞赛；举办创业培训，开设经营、法律知识、财务知识和销售技巧等讲座，开阔学生的视野，让学生了解创业是门综合知识的体现。

3. 创造教育

创造教育是指根据创造学的基本原理，以培养人的创新意识、创新精神、创造个性、创新能力为目标，有机结合教育学、人才学、生理学、未来学、行为科学等有关学科，全面深入地开发学生潜在创造力，培养创造型人才的一种新型教育。

（1）创造教育的任务

通过开展各种创造教学活动，激励创造精神，培养创造能力，塑造创造性的个性素质，点拨创造、创新、创业的机会，开发人人都具有的潜在创造力，造就大批创造性人才，孕育更多更新的原创性成果。

（2）创造教育的重点内容

创造教育在于营造适合产生创意的教学情境，探讨实施创造性教学的有效途径，研究创造性人才的特点，总结培养创造性人才的规律。

①潜能的激活。创造发明不只是少数天才的事，人人可以创造发明，应对个体的人脑潜能进行开发、激活和训练。

②兴趣的培养。兴趣的萌发和加深是创造发明的前提，要尊重学生的个性和兴趣的偏执，应指导和鼓励他们向纵深研究和发明。

③自信心的培养。一谈创造发明，人们自然就会想到诸如哥白尼、爱因斯坦、居里夫人等罕见的世界级巨人，创造发明高不可攀，可望而不可即。其实只要人们做得比前人更新颖、更独特，新的突破就是发明创造，只要肯动脑筋，人人可以成为发明家。

④创造力的培养。在教学计划中应重视和加强对学生创造意识与创造能力的培养和训练。鼓励冒险和为理想而奋斗的献身精神。

4. 创新创业创造教育

创新创业创造教育是一项全员参与、贯穿人才培养全过程的教育理念，以重引导、分类施教为原则，将创新教育、创业教育、创造教育和专业教育这四者紧密结合，采用课堂教学、课外活动与实践实训相结合的教学模式，增强学生的创新精神、创业意识，提升学生的创新创业创造能力。

"三创"教育作为一个完整的理论概念，其内涵既有联系又有区别，二者相辅相成，不可割裂。

（1）"三创"教育概念及内涵的完整性与关联性

创造是想出新方法、建立新理论、做出新东西、取得新成绩的一切思想和作为，是一个从无到有的过程；创新是抛开旧的、创造新的思想和作为，通常是对现有事物的更新和改造的过程，是指"创造的革新"，强调在原有知识、技术和技巧等的基础上有所前进、有所发展、有所突破；而创业则多是指创办和开创某种事业，是一种将创造、创新变成产业和现实的活动，强调的是充分发挥个人的才智。创业能把创造和创新的成果发挥实效，落到实处。

可见，创造、创新、创业具有的内在关联性，给予认识主体一种"新"的感觉，都含有"创"的成分，但"创"的程度、形态、阶段却不同。创造是从一般意义上讲的开创，创新则在于再创性，而创业则是将头脑中的思想、创意、想法变成现实中的事业的系统性过程。创造是不完美的，但创造能够孕育前所未有的东西；创新凸显"推陈出新"，却能使已有的创造尽善尽美；创业则能使创造和创新的结果产业化和财富化。从创造、创新到创业，形成一体，成就事业。

（2）"三创"教育概念及内涵的区别

无论从理论还是实践上理解，"三创"教育各要素之间可以分解为以下两组关系。

①创造教育与创新教育。不管是原创还是再创，"三创"能力教育中的创造与创新两个要素最具有价值意义的同质性，因而它们共同处于整个概念的上位。

在"三创"能力教育的实践中，设计科学的知识课程体系和完善教学实践过程是落实创造创新教育的前提，培养学生的思维与学习能力及达成学生的智慧生成是实现创造创新教育的关键，增强学生的创造创新能力是开展"三创"教育的根本。创造创新是人的本质特性，即人类的独特禀赋和创造创新者的出众品格。这正如美国后现代思想家格里芬（Griffin）所说，从根本上说，人是"创造性"的存在物，每个人都体现了创造性的能量。人需要实现自己的潜能，也依靠自己去获得某些东西。

②创造、创新教育与创业教育。如果说创造、创新教育主要着眼于人的精神，创业教育则主要着眼于人的事业。

创造创新教育是以新型的教育理念为指导，以各种丰富的教学实践及教学技术为手段，以培养学生创造创新精神和增进创造创新知识素养为基本价值取向的教育。

创业教育则是通过各种现代知识及技术手段，向学生传授各种创业基本知识和技能，开发提高学生自主创业的素质，培养创业意识、形成创业能力的教育。

从创造、创新教育和创业教育的比较不难发现，创造、创新教育与创业教育的内容相互融合、相辅相成。创造、创新是创业的基础，高职院校的创造、创新教育成效，可以通过培养学生未来的创业业绩来检验；创业是创造、创新的重要载体和表现形式，创业的成功凭借创造创新教育的扎实根基；创造、创新教育注重的是对人发展的总体把握，创业教育着重是对人的具体价值的体现。二者相互促进又相互制约，是密不可分的辩证统一体。

创造、创新教育与创业教育的内容有许多相似之处，但这并不说明二者可以相互替代。因为仅具备创造创新精神是不够的，它只是为创业成功提供了可能性和必要的准备。

综上所述，创造、创新与创业教育，其内涵既有联系又有区别，既相辅相成，又无法割裂，它们形成一个相互联结、互为因果的一体化完整关系。

（三）"三创"型人才的特征

1. 主动性。旺盛的求知欲和强烈的好奇心，促使自己锐意进取，执着追求新知。

2. 灵活性。思维活跃，善于变通联想，触类旁通，举一反三，能悟及多而奇特的设想，提出非凡的主张。

3. 质疑性。不为现成的观点所约束，敢于大胆提出质疑，创造、创新贵在多问几个"为什么"。

4. 新颖性。不墨守成规，勇于弃旧图新，有与众不同的见地和别开生面的方法，敢为人先，才能有创造的成就。

5. 自信心。坚信自己的能力和所从事事业的价值，即使遭遇挫折和失败也坚定信念，一往无前，直到实现预期的目标。

6. 坚韧力。瞄准目标锲而不舍，具有坚韧不拔的毅力和决心，百折不挠，不达目的不罢休的精神。

7. 独立性。不人云亦云，不盲从，不依附，能独立判断和解决、处理已知和未知的事情。

8. 想象力。新的观点来源于合理的想象或偶然的灵感和机遇，想象力丰富，可突发奇想，有利于揭开创造、创新的序幕。

9. 洞察力。对环境有敏锐的感受力，能从他人所忽视的情况或细枝末节中察觉事物的真谛。

10. 严密性。抓住灵感一现的火花，精心推敲，深思熟虑，以求企及完美的结果。

（四）专业教育

从教育学的意义来看，专业是学科与市场相连接的产物，学科中的系统知识与市场需求在专业中实现双向转变。

中国《高等教育法》对专业教育有一定要求，就是保证学生能够系统了解、掌握与本学科或专业相关的各种基础理论、知识，以及本专业必需的技能、方法，将学生培养成具备从事本专业实际工作或者研究工作能力的人才。

从广义上讲，专业教育，即各类学校依据国家有关部门制定、发布的专业目录，对各类人才进行的专门培养教育，以此为学生未来的职业发展奠定坚实的专业理论与技能基础。学校以培养专业人才为目的，进行专门的职业教育，使学生能掌握充足的专业知识，具备较强的专业技能，在未来更好地融入职业生涯。

从狭义上讲，专业教育是指在专业学校进行的培养各级各类专业人才的教育，在掌握"基本知识、基本理论、基本技能"的基础上，培养学生"会学、善学与乐学、专业基础扎实和实践能力强"，为未来的职业生涯做充分准备。

专业教育不仅有利于学生进行系统的学习、掌握关于专业领域的基础知识，而且有利于培养学生运用专业技能和方法的能力，让学生形成有关本专业的自己的一套体系，在实践中能够灵活应用。在高等教育不断更新发展的趋势下，专业教育理念转变为：在"基本知识、基本理论、基本技能"的基础上，培养学生"会学、善学、乐学"，不断提高专业教育质量，提升学生的竞争力。可以说，专业教育是高等教育教学活动的核心环节，是学生成长成才的坚实基础。

（五）创新创业创造教育与专业教育的关系

现有的对创新创业创造教育与专业教育的关系研究，多是从两者之间的彼此作用与影响的角度进行分析。将两者置于更为细致的角度进行比较，透视两者之间的关系，并在此基础上正确认识两者的融合。两者的具体比较见表7-1。

表 7-1　创新创业创造教育与专业教育的比较分析

比较视角	区别		联系
	创新创业创造教育	专业教育	
产生背景	知识经济对人才需求的变化	工业革命带来的社会分工	都产生于社会变革，既相交又相互补充
价值取向	实用主义、人本主义	工具理性、实用主义	实用主义
培养目标	具有创新创业创造素质与能力的人才	掌握某项专业技能的人才	适应社会发展需要
教育功能	创新驱动，促进地方经济转型升级，高职院校科学技术的产业化	适应社会专业人才的需求	促进区域经济发展
教育内容	创新创业创造教育的理论知识、经典创业案例、实践活动	通识基本知识、各个专业的理论知识与实践知识	专业教育重学生术有所精，创业教育重思维培养，二者相辅相成
实现途径	贯穿在大学教育的始终，并不断地渗透到专业教育中	通过理论知识的传授与专业技能的实践，让学生掌握专业知识	创业教育的最好开展途径是融于专业教育中开展
师资	掌握创新创业创造教育相关的理论与实践知识	掌握专业教育相关的理论与实践知识	两者都需要"双师型"素质教师

　　通过比较发现，创新创业创造教育与专业教育存在许多区别，但也存在特定的联系。两者各有长处，也有短板，但都是高等教育中不可或缺、不可替代的组成部分。因此，两者间进行融合，在彰显各自优点的同时，也能相互作用、相互影响，实现两者的共同发展，两者融合对人才培养质量的提升大有裨益，推进两者融合势在必行。

　　在高职院校开展创新创业创造教育与专业教育的融合，是要在专业领域内，使学生获得必要的专业知识与技能，同时在教学中培养学生的创新意识、创新实践能力、创业素质、创造能力，其中创新意识的培养是重点。

二、专创融合的理论基础

在中国特色社会主义新时代社会经济发展的背景下，培养具有创新精神、创业意识和创新创业创造能力的创新型人才，是高等职业院校当前的一个重要使命。而在高等职业院校开展创新创业创造教育，是对高等职业院校人才培养模式的新探索，要体现全员参与，贯穿教育教学全过程的教育理念。

基于现阶段创新创业创造教育与专业教育融合的大趋势，厘清二者在职业教育过程中所属的"文化地带"，重释二者的基本关系，是一个不容忽视的前提。高职院校在开展创新创业创造教育过程中，应以专业教育为基础，围绕培养学生的综合素质为价值取向，正确引导学生对创新创业创造教育的全面认识。在教育教学中，积极探索创新创业创造教育的模式和途径，加强创新创业创造教育和专业教育的相互渗透与交融，促进二者的有机深度融合，并通过社会文化知识的熏陶，开阔学生的视野，提升其综合素质。创新创业创造教育与专业教育深度融合不仅是势所必然，而且有其特定的理论基础。

（一）创新创业创造教育与专业教育有机融合的重要性

作为一门新兴学科，创新创业创造教育不仅是提升学生综合素质的重要途径，更是深化高等职业教育综合改革的关键点。为了提升人才培养质量和提高创新创业创造教育的实效，高职院校需要进一步加大改革力度，使其与专业教育有机深度融合。

专业教育和创新创业创造教育作为高职院校的两个有机组成部分，二者相辅相成，缺一不可。虽然在教学内容、教学模式上创新创业创造教育与专业教育有所不同，但二者的教育目的是一致的，都是为了培养出适应经济发展所需的高素质人才。二者之间存在着紧密关联，创新创业创造教育并不能与专业教育脱离，而是应依赖于专业教育。二者水乳交融、相互补充。只有在专业教育的支撑下，创新创业创造教育的开展才会更加顺利。

专业教育与创新创业创造教育之间相互作用、相互促进，前者是后者发展的基础，后者又对前者的改革与完善具有重要的推动作用，两者相辅相成、相互补充。

因此，在教育教学过程中，努力实现二者的有机融合，为培养高职学生开拓精神和批判性思维、提升高职学生的实践能力和创新创业创造能力提供有利环境，同时也为高职院校创新人才培养模式提供强大动力。

（二）创新创业创造教育与专业教育有机融合的必要性与可行性

近年来，中国高等职业教育事业获得长足发展，培养了大批高素质技能型人才，其中专业教育发挥了重要作用。但是，当前进入了新时代，经济发展也进入了新阶段，对高等职业教育改革提出了新的要求，将创新创业创造教育作为高等职业教育突破口，对高等职业教育改革进行深化，在专业教育中融入创新创业创造教育，培养出既掌握一定专业理论知识，又具有实践能力和创新创业创造能力的高素质创新型人才，就成为高职院校的新使命。

1. "三创"教育与专业教育有机融合的必要性：融合的理论前提

创新创业创造教育与专业教育的紧密结合是绝大多数从事创新创业创造教育教学、研究与实践学者的普遍共识。

（1）高职院校人才培养模式改革的必然选择

随着高等职业教育迈入类型教育，实现创新创业创造教育与专业教育的融合，不仅有利于高职院校强化自身内涵建设，同时也有利于教育教学质量的提升。

然而，目前中国高等职业教育依然实施的是以培养学生专业知识与技能为主的教育活动，忽视对学生创新精神、创造力与想象力的培养。但随着近几年创新创业创造教育的逐渐普及与推广，高职院校在人才培养中已取得了一定的成效，尤其是在提升学生就业率、指导学生创新创业等方面发挥了重要作用。但由于受课程设置、教学内容、师资配备等多方面的影响，在专业教学中，还没能很好地融入创新创业创造知识。二者的有机融合既是提升学生综合素质的重要举措，更是高职院校人才培养模式改革的重要抓手。因此，高职院校应转变传统单一的"重理论轻实践"的教学理念，以社会需求为目的，创新人才培养模式，积极调整课程设置，充分有效地将创新创业创造教育的创新能力、创造能力、实践能力的培养融入专业教育中，使二者"有机融合"，进一步提高学生的创新与实践能力，促进高职学生全面发展。

（2）高职院校创新创业创造教育科学发展的必然需求

高职院校实施创新创业创造教育的过程中，应以专业教育为支撑，以培养学生的创新精神、创业意识与创造潜能为导向，激发学生的创新创业能量和创业激情，使学生的个性发展与未来职业相协调，促进学生的全面成长。而对学生创造潜能、创新思维的培养，必须充分考虑到学生的专业背景、知识技能和个性特点等。例如，市场营销专业教师在教学中可以适当讲解一些创业典型、创业者组织能力、企业家精神等相关内容，引导学生从所学的专业理论知识出发，促进学生对创业的了解。学生具备扎实的专业理论知识是有效实施创新创业创造教育的基础，创新创业创造教育不能脱离专业教育而单独运行，脱离专业教育给学生讲创新创业创造会显得单薄而无力。

2. 创新创业创造教育与专业教育有机融合的可行性：融合的客观基础

作为大众创业、万众创新的生力军，高职学生不仅要学习和掌握扎实的专业理论知识，还要有分析问题和解决问题的实践能力，由此可见，专业教育和创新创业创造教育是不矛盾的。实现二者的有机融合，有利于创新创业创造教育的深入推进，更有利于专业教育水平的提高。

（1）有利于专业教育水平的提高

教育，是一个国家发展的动力所在。目前，中国将创新创业创造教育作为高等职业教育改革的方向，能够帮助学生实现从理论到实践的转化，促进学生将专业理论知识运用到实践中，并提升其实践的能力与素质。作为通识教育的一种形式，创新创业创造教育有益于改变传统单一的专业教育模式。

实现创新创业创造教育与专业教育的有机融合，使专业教育超越了传统的高职教育模式，既培养了学生掌握相关的专业知识，同时也使学生将理论知识应用于具体实践。因此，通过与创新创业创造教育的有机融合，进一步丰富专业教育的理念、定位，提高教育教学质量，培养出更多的创新创业创造型高素质人才。

（2）有利于创新创业创造教育的深入推进

创新创业创造教育是一项长期的"系统工程"，既不能一蹴而就，更不能无的放矢。高职院校推进创新创业创造教育既是促进经济社会转型发展的外在表现，同时也是深化高等职业教育改革的内在需求，其根本目的是针对学生的开拓精神和实践能力的培养，提升高职教育教学质量。然而，目前中国高职院校开展的创新创业创造教育具有普适性特点，所有专业的学生接受的"三创"教育模式具有同一性或相似性，忽视了专业性对创新创业创造教育的影响。使二者仍然处于"两张皮",无法满足学生获取多元创新创业创造知识的愿望。学生所学的专业基本决定了他的知识结构,也基本决定了其创业方向,尤其是创业初期的发展方向。

专业教育是高等职业教育教学活动的重中之重,为学生成长成才夯实了基础。由此可见,高职院校开展创新创业创造教育需要寻求专业教育作为依托,并将创新创业创造教育渗透到各专业的教学活动中,使学生的实践能力、动手能力、创新能力和创造能力的培养在专业教育中得以充分施展,进一步明确创新创业创造教育的发展方向。

(三) 三创教育与专业教育有机融合的原则

创新创业创造教育与专业教育有机融合需要有一个探索和实践的过程,对二者的有机融合应进行系统设计,遵循适应性、问题导向、需求导向和循序渐进原则,高职院校应善于将专业优势转化为创新创业创造教育优势,合力培养学生的开拓精神、批判性思维、实践能力和创新创业创造能力,提升学生的综合素质。

1. 适应性原则

目前,中国高职院校以专业教育为主,以培养学生掌握扎实的专业基础知识、具备较强的专业能力为目标,主要依据专业人才培养方案实施教学。因此,创新创业创造教育与专业教育的融合,既要考虑专业人才培养方案的复杂性与系统性,又要考虑创新创业创造教育的综合性与实践性。

高职院校应遵循适应性原则,在确保专业教学有序实施的前提下,有效融入创新创业创造教育。从培养目标、课程设计、学分要求,以及实践性教学活动等方面将创新创业创造教育融入专业人才培养方案中,在专业教学过程中发挥出创新创业创造教育的实践作用,培养学生的综合素质与能力,不断提高人才培养质量。

二者在有机融合过程中遵循适应性原则需要做好以下三方面的融合:

(1) 创新创业创造教育与专业人才培养方案的融合,将创新创业创造教育理念融入专业的人才培养目标中,包括课程性质和学分设置等。

(2) 创新创业创造教育课程与专业课程的融合,这是二者融合的"核心",包括课程安排、课程内容以及教师的选择等。

（3）创新创业创造教育与专业实训的融合，要充分考虑到创新创业创造教育所具有的实践性，包括校内、校外实践平台的构建，实践教学课程计划、安排等。

2. 需求导向原则

受传统教学理念的影响，中国高等职业教育多以知识的传授为中心，忽视对学生主观能动性、创造力和想象力的培养，难以满足当前社会经济发展对于高职人才的要求与需求。而创新创业创造教育是以培养学生的能力素质、思维品质为价值取向，使其与专业教育相结合，有利于启发学生的探究性，促进学生的全面成长。

由此可见，创新创业创造教育是对专业教育的深化，能有效促进专业教育的发展和创新。专业教育和创新创业创造教育作为高职教育不可或缺的两个组成部分，对培养既具备扎实专业理论知识，又具有开拓精神和创新创业创造能力的高素质人才发挥着重要作用。

因此，高职院校应遵循需求导向原则，从创新创业创造教育与专业教育互补的角度出发，促进二者的有机融合。

（1）要在高职院校寻求改革突破口的需求下，调整人才培养模式，在专业教学中充分地、合理地融入创新创业创造教育，处理好学生专业理论知识与实践能力培养的相互关系，有效提升教学质量。

（2）要在经济社会转型发展对高职人才需求转变的背景下，把培养学生的开拓进取与勇于创新精神和专业教育有机融合，使创新创业创造教育能够落地生根，助力提升学生的综合素质。

3. 循序渐进原则

在全面深化高等职业教育教学改革的背景下，促进创新创业创造教育与专业教育有机融合，既是高职院校提升人才培养质量的内在需求，同时也是新发展理念下推进高职院校综合改革的重要举措。人才培养需要遵循人才成长规律，创新创业创造教育与专业教育的有机融合不可能一蹴而就，是一个需要不断探索与实践的过程。高职院校应遵照循序渐进原则，突破传统观念和惯性思维，进一步改革创新，深化高职院校人才培养改革，促进高职学生的创新精神、创业激情和创造能力的共同提升。

第二节　专创融合的教改实践与路径

一、专创融合的由来与必要性

国务院办公厅《关于深化高等学校创新创业教育改革的实施意见》（国办发〔2015〕36号）明确了创新创业教育改革整体部署。

文件在"主要任务和措施"健全创新创业教育课程体系中提出，各高等学校要根据人才培养定位和创新创业教育目标要求，促进专业教育与创新创业教育有机融合，调整专业课程设置，挖掘和充实各类专业课程的创新创业教育资源，在传授专业知识过程中加强创新创业教育。面向全体学生开发开设研究方法、学科前沿、创业基础、就业创业指导等方面的必修课和选修课，纳入学分管理，建设依次递进、有机衔接、科学合理的创新创业教育专门课程群。

开展专业教育与创新创业教育的有机融合，是高等教育教学改革的政策性的要求、规律性的遵循、趋势性的必然、实践性的探索。专创融合的核心是更好地完成立德树人的根本任务，为国家创新驱动发展战略提供人才支撑，全面提升人才培养质量。专创融合是教育教学改革的有效路径，也是一个教育改革的系统工程。重在引导学生多读书、深思考、善提问、勤实践。坚持以学生为主体、以教学为中心，突出创新意识和实践能力，着重培养创新型、复合型、应用型人才。

二、专创融合的教改方向

（一）专创融合的教改定位

专创融合教改是通过创新创业教育资源和思维，对专业课程进行再造和升级，实现创新创业教育对专业课程的赋能，使专业课程更具有时代性、时效性、引导性和基础性，更有利于人才培养。

专创融合教改包括的不仅是课程，首先是对人才培养方向和培养方案的完善与优化；同时，还应基于课程延展到教学实验、教学活动、教学实践，不仅存在于第一课堂，更应贯通至第二课堂、第三课堂的教学应用。专创融合教改对培养学生应对知识爆炸与 VUCA 时代［volatility（易变性）、uncertainty（不确定性）、complexity（复杂性）、ambiguity（模糊性）的缩写，指的是变幻莫测的时代］具有明显的时代作用。

（二）专创融合教改的必要界定

1. 对专创融合教改的认知前提

（1）教改侧重方向的认识。目前，高职院校的人才培养依然是按专业类型进行划分，虽然在不断深化改革，但当下开展专创融合教改，必然要尊重现实的人才培养体制，循序渐进地探索与推动改革。因此，结合政策具体要求和对现实的理解，人们认为专创融合教改更多体现为对创新创业教育推动专业教育的改革，提升专业教育和专业人才的培养质量。

（2）创新创业教育的认识。有必要全面认知创新创业教育特色与要求，才能更有效地将其融入专业教育教学和人才培养中，切实支撑人才培养模式的变革与创新。总结创新创业教育的特色与要求如下：

①在完善人才培养质量标准中明确提出，使创新精神、创业意识和创新创业能力成为评价人才培养质量的重要指标。

在创新人才培养机制中明确提出，高职院校要打通一级学科或专业类下相近学科专业的基础课程，开设跨学科专业的交叉课程，探索建立跨院系、跨学科、跨专业交叉培养创新创业人才的新机制，促进人才培养由学科专业单一型向多学科融合型转变。

在改革教学方法和考核方式中明确提出，各高职院校要广泛开展启发式、讨论式、参与式教学，扩大小班化教学覆盖面，推动教师把国际前沿学术发展、最新研究成果和实践经验融入课堂教学，注重培养学生的批判性和创造性思维，激发创新创业灵感。运用大数据技术，掌握不同学生的学习需求和规律，为学生自主学习提供更加丰富多样的教育资源。改革考试考核内容和方式，注重考查学生运用知识分析、解决问题的能力，探索非标准答案考试，破除"高分低能"积弊。

把握好文件的要求，应看到在创新创业教育方向定位方面、课程体系方面、人才培养机制方面、教学方法和考核方式方面均具有不同于目前常规专业课程的鲜明特色。

②现实中，高职院校在不同程度上开展了创新创业基础教育，特别是以"互联网+创新创业大赛"为代表的系列双创赛事活动，营造了高职院校的创新创业教育氛围，在此背景下，以赛促教、以赛促学、以赛促创、以赛促建、以赛促改等，形成了推进创新创业教育的行为和思维路径。赛，就要以项目为载体，以项目的实施效果为支撑，以项目的呈现水平为评审依据。因此，在以赛促 N 的背景下，对创新创业教育以及专创融合中"创"的特色提出了新的要求。

体现 OBE 教育理念，不仅要提升学生的能力素质，还要有可展示、有价值的项目成果。

体现以问题为导向的 PBL 教学方法，引导学生发现问题，在学习和实践中解决问题，形成具有一定的创新，且基于专业与跨专业的解决方案。

体现以项目为导向的 PBL 教学方法，引导学生学以致用，解决方案尽可能形成产品或服务的原型，并在实践中验证有效性和可行性。

采用小组式的教学组织，在教学中采用创新创业团队的管理模式，培养与锻炼学生的团队合作意识和领导力。

项目不是一蹴而就的，需要一个不断成长的过程，这就要求课程的教学逻辑、知识逻辑与项目成长逻辑相吻合，需要对课程结构实施优化与再造。

创新是相对的，首先要清楚当前的主流是什么、最好的是什么，在此基础上才可谈新，为此，引导学生关注行业发展，拓展性学习，建立全球视野是创新思维的前提与思维支撑。具有时代性的创新创业教育，天然具备了劳动教育和美育教育的内容属性。

可体现劳动教育的有：田野调查、市场分析、创新思维、原型创造、项目验证、项目实操等。

可体现美育教育的有：原型设计、项目宣传、项目展示、商业计划书、路演等。

2. 创新创业教改的实施界定

（1）教改的推进主体：教务处、创新创业教学管理单位。

（2）教改的实施主体：专业教师。

（3）教改实施单位：二级学院及所属专业。

（4）教改内容：基础课与专业课。

（5）教改课程：专创融合课程是有机融入创新创业教育的专业课程。依然是专业课程，专创融合的课程内容，依然是专业课程内容，只是将创新创业教育的内容、方法和思维有机融入专业课程的知识学习、能力训练和素养培养中。

（6）课程特色：专创融合课程实施项目制教学（PBL）时，项目是体现课程高阶（布鲁姆教育目标分类）成果的载体，是教学目标与教学效果的综合体现，往往是课程教学的实践项目，而非双创项目；但一定是双创项目的基础和源泉。

（7）专创融合的教改，应同时体现劳动教育和美育教育。

三、专创融合的教改实践路径

1. 专创融合的教改原则

（1）围绕一个导向

以专业/行业市场的需求和行业创新发展趋势为导向。将双创的思维、理念和方法融入专业背景下的人才培养中。

（2）突出一个中心

以学生为中心。一切教育教学行为以学生的成长和学生的职业发展为中心，推动学生在校期间的成长，并培养进入社会后支持职业发展的可迁移能力，特别是自主学习能力、团队协作能力、创新探索能力。

（3）强化一个主体

以课程教学为主体，优化第一课堂，贯通第一、第二、第三课堂，强化理论与实践相结合，学以致用；并引导跨专业、跨学科，对接社会现实和资源的学习与实践。

（4）遵循三个规律

①遵循人才成长规律，充分了解学情，把握"Z世代"学生的特点，构建具有时代性的学习情境和氛围，循序渐进引导与督促学生成长。体现OBE教育理念，使教学目标与学生个体成长目标协调统一。

②遵循教育规律，把握好由浅入深、由感性认知到理性认知、由理论到实践、由实践到反思内化的过程，不断丰富学生学习的成就感与收获感，进而激发更强的学习动力。

③遵循项目运作规律，运用PBL教学方法，基于市场和客户的需求激发创意，优化创意并对标先进标杆发现机会，运用知识、技能和资源寻找切入点，完

成田野调查和产品原型，推进原型市场验证与项目实践。

（5）突出三项指标

①价值素养指标：解决为什么学、学什么、怎么学、怎么用的基础问题，融入创新思维、批判性思维和全球视野，激发学生学习的内在动力。

②知识传授指标：突出基础知识、重点与难点知识，引导相关知识的自主学习，梳理并构建知识逻辑和知识框架体系，推进知识的内化和实践应用。

③技能训练指标：在突出专业技能培养的同时不断强化可迁移能力的培养。训练发现问题、提出问题、分析问题、分享问题、解决问题、迭代问题的能力。

2. 学院/专业定位与人才培养方向的梳理

（1）以前述教改原则为方向，重点梳理人才培养的有效性，目标达成度。

（2）通过切实的市场调研和反馈，把握实际教学效果和人才培养质量。

（3）梳理内容。

一是职业面向（学院所对应的产业发展对职业和专业人才的诉求）。国家及省内相关行业的就业需求，以省内为主（文字描述，标明出处，不可主观臆断）。近三年专业毕业生就业率和就业对口率（毕业生调查）。

二是典型岗位需求分析。省内主流就业岗位，不少于五家，可包含目前与院校合作的主流用人单位，在行业方面，眼界要宽一些，比如服装，可以是服装行业，也可以是零售行业、电商行业等。

三是产业中典型岗位胜任力分析。省内主流就业岗位的分析与胜任力要求，包括主要工作内容、职业素养、职业能力、专业知识等，从不少于三家头部企业的岗位分析中提取，并参考人才市场的发展趋势。

3. 专创融合的课程解析与教学目标设计

在明确实施专创融合课程教改的情况下，需要对具体的课程进行全面的解析，明确课程教学目标。

（1）专创融合的课程解析

专创融合的课程解析是基于专创融合教改方向，对现有课程的全面分析。找出现有课程存在的问题，以利于明确教改的内容范围、工作重点和实施步骤。

课程解析包括：课程基本信息、目前教学效果、课程对人才培养目标达成度的贡献、所用教材、教学组织、教学方法、课程考核方式、教学资源建设、课程关联度等内容。

（2）专创融合的课程教学目标

专创融合的课程教学目标是教改的方向，以及验证课程教改质量和教学效果的依据。同时，由于创新创业教育的天然特性，需要在课程教学目标中不仅仅体现创新创业教育的内容，还应同时体现劳动教育和美育教育，使教改成果更丰满。

4. 专创融合课程教学内容逻辑再造

（1）首尾呼应，强化教学目标达成度

在课程开始时要求学生基于课程教学目标，制定出自己（和小组）的学习成长目标和实现路径，以此强化学生对课程的重视。在课程结束后要求学生对照原定目标进行达成度的自我评价与小组内的交叉评价，并完成课程小结。

（2）强化 OBE 教育理念，突出可视化教学成果

以课程教学目标为成果导向，使教学成果伴随教学的进展不断完善，突出课程教改的结果导向。应用 OBE 教育理念时应注重以下问题：

①想让学生取得的学习效果是什么？

②为什么要让学生取得这样的学习成果？

③如何有效地帮助学生取得这些学习成果？

④如何知道学生已经取得了这些学习成果？

⑤如何保障让学生能够取得这些学习成果？

可视化教学成果及其形成过程，可以有效推进学生学习的连贯性和探究性，使学生增强学习的成就感和获得感。可视化教学成果应伴随课程的开展，分割为多个单元模块，最终累加优化而成。对学生的教学成果主要体现在：

①绘制自己理解的知识地图，建立体现本门课程核心知识点的知识逻辑与知识体系，并结合自己的观点进行必要的知识拓展。

②完成以调研报告、案例分析、创新设计、原型制作等为代表的课程实践项目。采用实物或图文展示（含推介海报）的方式提交后，进行考核评价。

（3）实施 PBL 教学，引导自主学习和实践

以问题为导向引导学生学习的同时，以项目为导向作为学习的载体，并具象化承载创新创业教育的内容，使学生在真实的、可触及的、可感受与引发共鸣的

场景下开展学习，并在学习的过程中发现问题、提出问题、分析问题、分享问题、解决问题、迭代问题，以较好地激发学习动力和新奇的创意。

在采用问题导向引导开展教学时，重点在于将批判性思维、发散思维、同理心思维等创新思维模式引入教学中，体现以学生为中心。教学引导中应着重体现以下内容：

①提供现实中真实场景，在场景中提出问题。

②明确问题的价值和解决问题的方向。

③当前的解决方案有哪些问题。

④更好的解决方案需要从哪里入手。

⑤更好的解决方案需要哪些基础条件。

⑥更好的解决方案借鉴哪些成功经验。

⑦需要学什么、做什么、思考什么、创新什么。

⑧如何让市场接受新的解决方案。

在采用项目导向推进自主学习和实践时应注意：

①项目核心与课程核心相对应，课程核心应在一定程度上可以解决项目核心的问题。

②项目要求与目标应具有一定的挑战性，便于激发学生的自主学习和实践探究。

③项目具有持续性，课程进展与项目推进和完善相一致。

④项目具有实际价值，可通过社会第三方进行验证。

⑤项目成果（含阶段成果）可进行展示和评价。

（4）采用第一、第二、第三课堂贯通式分组教学管理

以第一课堂的教学为基础，将第二课堂的校园实践、实验和活动与第三课堂的社会实践、实习、项目和活动等有机对接。采用分组式教学模式，以作业、任务、项目等手段，强化引导分组教学在课外的实际作用，实现课程设置与社会需求对接、课程内容与职业标准对接、教学过程与生产过程对接、学习过程与工作过程对接。突出培养学生的知识应用能力和基础职业胜任力（团队协作意识、沟通表达、责任心等）。

5. 专创融合课程教改的可视化教学成果

专创融合课程教改的主体是教师，受体是学生。可视化的教改成果应综合体

现在教师层面和学生层面。同时，教学成果应能客观反映课程教学目标的达成度，便于实施教学质量管理和评估，进而推进人才培养质量的不断提高。

新媒体、自媒体和教育信息化的广泛应用，以及教材的创新等，为可视化的教学成果提供了技术空间与可操作路径，可以使教学成果更具有时代性、感召性和影响力。

可视化的教学成果可分为过程性的成果和结果性的成果，便于与过程性考核和果性考核相对应，将成果纳入考核管理，使其能更好地诠释教学目标达成度。

（1）过程性的可视化教学成果。

一是教师。课程教学资源体系，重点在于各个教学单元的案例视频、教学视频的不断更新，以及拓展性学习资源的提供。

二是学生。在教师引导下分阶段完成训练手账、知识地图、任务作业（视频）、项目创意（视频）、反思视频等。

（2）结果性的可视化教学成果。

一是教师。完整教案、完整课件、完整视频体系、训练体系、作业任务体系等。

二是学生。课程总结与反思、教学训练任务/项目成果、成果展示视频、知识的场景应用视频等。

6. 专创融合课程教改的考核设计

（1）课程考核模式具有很强的教学引导性和学习行为的引导性，也是教学目标达成度验证的重要依据。过程性考核+结果性考核是专创融合课程教改的特色之一。这种考核模式更好地反映出素养指标、知识指标和技能指标的达成度；可视化教学成果可以更好地诠释和量化课程教学指标的达成度。

（2）"积分博弈制过程性考核+结果性考核"是适用于当代高职院校课程质量管理的课程考核模式，可以更好地激发师生参与课程教学的热情，为教学目标的达成提供持续动力。积分博弈制过程性考核+结果性考核在专创融合课程教改中的实施时，需要注意以下内容。

一是实施分组教学，将教学管理单位由学生个体，精简到学习小组，降低教师的教学管理幅度与管理频度。

二是设定科学的过程性考核指标体系和权重，如考勤、作业、课堂训练、课堂互动、小组分享等考核项。各考核项的具体要求应结合内容反映出素养指标、知识指标和技能指标的要求。过程性考核指标项以学生个体为主要考核对象，个别的可针对学习小组。

三是设定科学的结果性考核指标体系和权重，如调研报告、产品创意、项目原型、课程总结与反思等，各考核项的具体要求应结合内容反映出素养指标、知识指标和技能指标的要求。结果性考核指标项以学习小组为主要考核对象，个别的可针对学生个体。

四是以小组作为考核对象时，采用小组得分后的组内二次评价的方式，得到学生个体成绩。引导学生的组内协作，肯定积极为小组做贡献的行为，避免"刷课"现象。

五是学生个体成绩通过积分累加，动态变化，实时呈现。使学习过程成为争取积分的过程，激发学习行为和内生动力，进而显著地增强了学习的获得感与成就感。

7. 专创融合课程教改的教学资源建设

专创融合课程教改方向是课程教学质量的提升，良好的教学资源建设是保证教学质量的基础。在科技高速发展、知识爆炸和 VUCA 时代的背景下，创新创业教育的内容具有很强的时代性、时尚性、时效性和时空性。这就要求专创融合课程的教学资源的更新频率远远大于传统的理论教学课程。即便是基础性的理论课程，理论不变，但是认知与学习理论的应用场景在发生变化，理论的发展也在发生着变化，这就对教师的教学引导提出了更高的要求。

为适应信息化教学的发展趋势，更好地落实相关政策的要求（如金课建设、精品在线课程、教学能力大赛等），专创融合课程教改以"线上+线下、教学+实践混合式金课"作为改革方向，依此进行教学资源建设。

（1）专创融合课程教改的教学资源建设的可视化内容

①文档类。包括教学大纲、教案、课件、作业任务等。

②视频类。

一是教学视频。以教师为主体，开展教学组织与引导的视频（包含课后作业与任务的安排）。

二是案例视频。创建教学情境，引发学习讨论与训练的视频。

三是微课视频。理论与知识讲解的视频。

③教材类。更多采用活页式和与二维码相结合的校本教材形式，强化教材的有效性和实用性。使教材真正成为学习的载体和工具。

一是将教材内容划分为板块在各个教学单元中体现，有课程知识内容、教学引导内容、课堂训练内容、课后作业与任务内容和拓展学习内容。

二是根据课程的对象和教学目标、学时安排，灵活组合以上内容。

三是通过二维码链接信息化平台，使学生便于获取学习资源，形成系统性学习与碎片化学习的有机结合。

（2）专创融合课程教改的教学资源建设采用动态良性循环模式

①专创融合课程在融入了创新创业教育思维和内容后，更倾向于知识的应用和人才能力素质的培养。真实的应用场景和科学的教学引导是提升课程质量的关键点，也是落实"OBE+PBL"的关键所在。这就要求对教学资源要进行持续性的更新与创新，才能实现因材施教和课程教学目标。这也对教师提出了更高的备课要求。

②在前述三类教学资源中，课件更新与案例视频、教学视频的更新是在教学实践中最好把握，也最有效的。更新的内容来自两个方面：

一是教师自行准备的更新内容。

二是将学生的训练、任务、作业、项目作为更新内容的引导，通过引导学生回顾与评价自己或他人完成的实践成果，既可以起到课程之间的串联作用，激活旧知，又可以引导学生的实践伴随课程不断深入。既体现了过程性，又指向了结果性的成果。

8. 专创融合课程的教学方法

（1）五步实践教学法

①五步实践教学法是基于 OBE 教育理念、PBL 教学方法和"五星教学法"，通过长期教学实践探索而形成的具有中国高等职业教育特色、体现以学生为中心、适用于教学改革和提升教学质量的教学法。

②五步实践教学法由"构建情境—协作探讨—知识建构—应用验证—反思内化"五个步骤构成。强化了课堂教学中教师的引导作用，以及课堂互动作用、知识解析作用，推进了批判性思维、发散思维和同理心思维的培养，并使各个单元

的教学相互衔接，形成教学螺旋，推进教学目标的有效达成。

构建情境，即采用案例视频+教学视频（作业回顾）的方式，将学生快速有效地唤醒。

协作探讨，即基于情境提出与本次课程相关联的问题，采用翻转课堂教学，引发学习讨论和相关课堂训练，并对讨论结果进行分享和评价（过程性考核）。

知识构建，即教师针对讨论和训练的分享情况进行总结、提炼，阐述知识重点、知识逻辑和知识架构。

应用验证，即教师指导学生基于案例或作业，应用课上所学进行完善与优化，使知识指向应用。

反思内化，即教师指导学生通过作业、任务、项目等进行知识应用的深度理解与拓展性应用。

③五步实践教学法是贯穿第一、第二、第三课堂的教学方法，不拘泥于课堂教学的应用。针对不同专创融合课程的教改需求，可在教学实施中灵活把握。

④五步实践教学法在教学实践中，前三步重点在课堂上完成，后两步（含部分知识建构）在课外完成。

（2）课外的作业安排

①专创融合的课程教改强调实践导向和能力素质的培养，只有包含课内课外，贯穿第一、第二、第三课堂，同时更强调第二、第三课堂的作用，并将第二、第三课堂的实践做到位，教学目标才可顺利实现。

②基于五步实践教学法，可将作业分为三类，具有不同的难度要求，适于不同的教学对象和教学要求。

第一类，知识思考类。围绕课程知识点的深度认知与拓展性思考，需要举例说明，避免学生做"知识的搬运工"。要求学生独立完成。

第二类，样本调研类。寻找现实中与知识应用相关联的样本，应用所学进行样本调研和分析，运用批判性思维，给出分析结果和建议。要求学生独立或小组完成。

第三类，项目实践类。发现现实需求，产生创新创意，伴随课程进展不断完善与优化项目。以小组为单位完成。

③不拘泥于每次课后都安排三类作业，可根据课程内容逻辑与教学目标进行灵活组合。

④作业提交形式多样化，针对不同的内容要求，可以是文档，也可以是自媒体视频。通过交叉评判和媒体流量数据进行评价，教师进行监控。这样既可以更有效地激活学生的学习兴趣，增强获得感，又可以降低教师的工作量。

四、专创融合的成果体系

专创融合的教学改革是一个系统工程，改革成果体现在人才培养的多个维度。可以很好地支撑高职院校在教学成果奖、教师教学能力大赛、创新创业各类赛事、精品在线课程建设、网络教学资源建设、产教融合、教育质量评估、教改课题等方面取得更好的成绩。

维度 1. 人才培养模式创新

市场导向的人才培养方向，构建基于职业胜任力的人才培养体系。通过专创融合的课程改革，再造以课程体系为核心的人才培养模式。

维度 2. 课程考核创新

课程考核导向由结果性考核为主，调整为积分博弈制+过程性考核+结果性考核，体现以人才培养质量和课程质量为导向的课程考核模式与机制创新。

维度 3. 教学方法创新

应用五步实践教学法，以学生为中心，以教师为主导，以实践为导向，突出学以致用和反思内化，全面达成素养指标、知识指标和技能指标。

维度 4. 教学资源管理创新

通过各个专创融合课程的教学资源持续建设，形成与学生学习成果互动的教学资源库，支持有效教学的良性开展。

维度 5. 教学质量评估创新

由静态评估过渡到动态评估，可视化教学成果支撑教学质量的量化评估。

维度 6. 教材创新

融入二维码的活页式教材，凸显因材施教，增强学生的学习拓展和教学资源供给，适于不同需求的人才培养。

五、专创融合的深化趋势

1. 由于创新创业教育的本质特色，在专创融合课程教改中劳动教育和美育教育将全面融合，事实上是通过创新创业教育的前瞻性和实用性的引导，实现对专业课程的全面升级与再造。

2. 专创融合具有较高的社会属性，不能脱离社会发展需求和行业创新趋势，这就要求高职院校做好产教融合协同育人，导入更多有效的产业资源参与到课程教学和人才培养与评价中。

3. 在以赛促教、以赛促学、以赛促创、以赛促建、以赛促改的背景下，通过专创融合的课程教改，可以有效推进有价值的创意产生、有质量的项目运作。使教学与赛事有机融合，赛事作为教学实践的一个环节、教学成果的一种展现、跨专业学习和实践的一次机会。

4. 实施 PBL 教学中，可引导学生跨专业学习和实践，由知识传授的教师主体转换为能力素质成长的学生主体，对教师提出了新的要求和挑战，通过系统的师资培训和课改实践可提升教师的教学能力。

第三节 高职教育专创融合的优化策略

一、加强顶层设计，促进认知融合

创新创业创造教育与专业教育的融合首先应是认知上的融合。一方面，政府是创新创业政策的制定者和引导者，应根据社会经济发展的方向和步伐，制定出方针政策，由职能部门根据地方实际情况进行落实和实施。政府作为社会资源的掌控者和创新创业创造环境的创设者，应制定有利于高职学生创新创业的激励政策，提供创业资金保障，减少创业风险，营造创业文化环境等。通过制度引导、资金支持等方式促进创新创业创造教育更好地开展，调动行业企业与社会参与高职学生创新创业创造、协同育人的积极性；同时也能让师生更加了解、更加重视创新创业创造教育。

另一方面，学校要深刻认识到创新创业创造教育是专业教育向前发展的必然环节，而专业教育是创新创业教育的重要载体。因此，从学校顶层设计上，就要体现出创新创业创造教育与专业教育的融合关系，从人才培养目标到每一门课程的实施过程，都要贯穿"专创融合"的理念，让这种认知由上至下进行深度贯彻。并且，这种认知的融合要在广度上从学生到所有教师全面覆盖，不能只是面向学校管理者和创新创业学院的老师，因为真正实施专创融合教育的是工作在教学一线的教师。要让所有岗位的教师深刻理解创新创业创造教育与专业教育在本质上都是为了培养创新型人才，这种培养应渗透于课程内容的设计、教学环节的开展，以及课程考核方法当中。要让学生敢于发现问题，勇于探索，要让学生拥有去挑战、去尝试的机会。在人才培养方案中加入创新创业创造教育内容，以制度保障专创融合的顺利开展，为学生提供更多动手实践的机会，是实现以实践为导向的人才培养模式的基础。

二、建设创新性融合课程体系

课程是学校教育的核心部分，在创新创业创造教育与专业教育融合这一系统工程中，应高度重视课程建设，将课程体系建设作为两者融合的重要支撑。高等职业教育旨在培养高层次的技能型、创新型人才，这就决定了高职院校建设融合性课程体系的实用性与多样性。

（一）课程目标相对接

创新创业创造教育与专业教育融合不是在专业课程里面简单加入创新创业创造内容，也不是在创业课程里面体现部分专业的内容，而是要做到真正的有机融合。创新创业创造教育与人才培养息息相关，高职院校应将创新创业教育的目标进行细化分解，结合各个专业的实际运用情况，将其与各专业人才培养目标进行衔接。高职院校要对现有课程体系进行重构融合，首先从课程目标上进行融合，再到教学内容、授课方式、考核方式等方面进行彻底的融合。在专业课程培养目标中体现对创新精神和创业意识的培养，根据每节课的课程内容，寻找创新点，不断更新课堂教学内容，让学生尝试新的思维方式，以达到课程与创新创业教育深度融合的目标。

（二）充分挖掘专业课程中的创新创业创造教育资源

课程内容的质量很大程度上决定了教学的质量，将专业课程教学作为两者融合的重要载体，能够使创新创业创造教育与专业教育更紧密结合。因此，既要基于专业知识挖掘与创新创业创造教育的相关因素，也应在专业课程教学中有机加入创新创业创造教育元素，使创新创业创造教育的相关内容渗透于专业课程的教学内容中，让学生在潜移默化中提升创新意识。一方面，学校应鼓励教师关注专业与行业的最新发展成果与趋势，鼓励教师基于专业教学进行内容创新，把学术前沿发展、最新研究成果、技术创新、方法创新、工艺流程创新等创新元素和创新实践经验融入课堂教学，以及职业技能竞赛项目、高职学生创新创业训练计划项目、企业创新创业项目等内容以项目（任务、案例）为载体在课堂教学中呈现，让专业课程内容得到不断丰富。另一方面，不同学院之间可展开交流与讨论，进行跨专业交流，以优势专业带动其他专业创新；遴选优势专业的示范课程，加强与不同学科之间的学习，使教学内容更具创新性与实用性，从而提高学生的学习兴趣，培养学生的创新创业创造意识，让更多的学生能够积极思考和创新。

（三）改革教学方法及考核方式

改革传统教学方式，对教学方法及教学模式加以创新。创新创业创造课程大多是实践性较强且具有较强创新性的课程内容，因此，在教学过程中，需要摒弃传统填鸭式教学方式，利用多种教学方法及教学模式，为学生提供更为多元化的学习模式。不仅要结合学生自身对创新创业创造的认知程度来进行教学方法的改进，还应当运用实验方式、问题方式等形式，提升学生学习积极性，使学生真正融入创新创业创造课程中。要把传统的讲授方式转化为活泼的互动场景，面向实践，强调参与。在专业课程中应注重项目化教学，通过真实情境的创设，启发学生进行思考，让学生主动发现问题、解决问题。课后有研究性学习任务，融做学教创为一体，培养学生的批判性、创造性思维，激发学生创新创业创造灵感。以学生为中心进行教学设计，以"师父带徒"方式指导学生参与创新创业实践，培养学生在专业领域的创新精神、创业意识、创新创业创造能力。

在课程考核上，要从知识倾向转变为能力倾向，考核的方式也不应只是一次测试，可以是长期持续的考核方式。要强化对学生学习体验的关注，多设置开放性任务进行考核，注重对学生的思考能力与创新能力测评。课程考核时，加入对运用知识分析解决问题能力和创新创业创造能力的考核元素，建立多元化学习评价体系，运用校内信息化教学平台，如"云课堂"，积极探索"线上"和"线下"相结合的考核评价模式，对学生的日常课堂表现有更直观与清晰的判断，同时也能增强学生的课堂参与度，提升学生课堂学习效率。探索建立非标准答案形式的课程考核方法，鼓励学生开展创新创业创造实践，并将实践成果作为课程成绩的重要依据。

三、加大教师培养力度，建设优质融合型师资队伍

（一）提升教师队伍创新创业创造能力

高职院校专业教师具备较好的课堂教学能力与专业实践能力，但创新创业创造教育是面向真实需求的教育，这就要求专业教师具备更高的教学能力。高职院校的专业教师要积累创新创业创造实践经验，积极参与校内外创新创业创造实践活动或培训，丰富创新创业创造理论知识，从而不断提高三创教育教学能力。在校内，学校教务部门积极引导，各二级学院或系部加强交流与学习，可组织不同专业教师进行校内培训或交流，能够更加突出专业的针对性，通过实际的教学过程总结经验，改进教学方式与考核方式，以优势专业带动其他专业教师教学能力提升。专业教师也应积极进行研究和交流，或者到专门的企业进行亲身学习，总结和制订出更科学高效的教学方案，并在教学实践中不断摸索，从而提升自身的教学能力。在校外，学校选派有一定创新创业创造素养的专业教师进行创新创业创造专题培训进修，也可以组织教师到创新创业创造教育和专业教育融合较好的学校进行学习，与不同院校教师交流教学经验，学习和了解最新的教学成果，并将之融合到适合学生发展的教学模式之中，教师在此过程中思想观念和教学方式与时俱进，自身综合素质也得到提高。

（二）优化师资结构，丰富教师队伍

高职院校应加强与企业的主动沟通，建立企业与学校良好的合作关系，可在区域行业企业中聘请有创新创业创造经历经验的优秀技术人员担任校内创新创业创造教育的兼职教师，并对兼职教师进行必要的培训，增强其教育教学能力，加快融合与构建专职和兼职结合的创新创业创造教师队伍，为两者融合提供可靠保障。另外，高职院校可邀请专业人士定期开展行业最新动态和专门的创新创业创造讲座，通过创新创业创造教育的示范课堂教学或学术理论研讨，加强校内外创新创业创造教育师资的经验交流与探讨，提高教师的创新创业创造教育教学实践能力，促进创新创业创造教育与专业教学体系更有效结合。

（三）积极创造教师实践机会

首先，学校给教师提供更多的创新创业创造实践机会与时间。教师想拥有更多创新创业创造实践经验，就需要投入大量的精力和时间。高职院校应给予教师参与实践的机会和时间，保证教师完成教学任务后，可以获得机会从事创新创业创造的相关实践，不仅能够提升教师实践能力，也能够降低教师工作压力，促进创新创业创造实践的顺利实施。

其次，制定有效的教师创新创业创造能力评估机制。根据专业及创新创业创造教育需求制定出相应的评估指标，同时将评估机制和教师职称考评工作相结合，不断提升教师工作积极性。但是在开展评估和考评过程中，也应当根据学校自身要求制定相应的指标，以达到教师心理需求。此外，高职院校应当为开展创新创业创造实践工作的教师提供奖励。对于校内教师在开展创新创业创造实践工作中取得的各种成果给予一定的奖励，不仅要包含物质奖励，还可以是各种精神奖励，提升教师实践工作的积极性。

四、搭建共享型实践平台，促进实践活动高质量发展

（一）建设完善的校内外实习实训基地

高职院校应基于学校的专业建设情况创建"创新创业创造与专业实习实践基地"，实现创新创业创造教育与专业实习实践资源共享，推进专业教育与创新创业创造教育融合。学校要积极争取多方支持，整合有利资源，最大限度为学生的校内外实习实训和创业实践提供硬件支持，从多个方面开展实践教学和创新创业创造教学。在建设实践平台过程中，要统筹安排创新创业学院与二级学院的关系，在建设经费上合理划拨，充分利用资源，给二级学院一定的自主权，提升实践平台的专业性。

（二）以企业资源为依托，以校企合作为平台实施创新创业创造教育

在校企合作不断深化的阶段，高职院校应与合作企业相互协调，在合作探索中提升资源利用效率，以企业资源为依托，借助校企合作的平台大力推进校外创新创业创造教育实践基地的建设。高职院校一方面以专业认知与创新实践结合为

路径开展课外实践，促进学生创新创业创造能力与专业能力的协同发展；另一方面，还可以结合企业的实际工作环境开展专业实训实践活动，鼓励学生将第一课堂所学的理论知识延伸到实践实训中，进行深入学习与实践。另外，高职院校与企业展开合作时，可以积极引进企业优秀技术人员，将其聘任为学校兼职教师，加强校外实践基地与专业教学团队之间的交流，实现校内外人员、技术经验的共享，及时发现教学的难点与弱点，并有针对性地进行改善，从而提升校内教师教学质量，推动专业教学活动与创新创业创造教育活动更紧密结合。

（三）积极有序地组织学生参与多方面的创新创业创造实践活动

高职院校应组织学生深入参与校内外各类创新创业创造实践活动，二级学院与创新创业创造学院协同开展与配合，有效分配学生的实训场所和实训内容，提升实践活动的专业针对性，既能避免学生在实际训练中浪费时间，又有利于激发学生的创新创业创造意识。高职院校可以牵头组织在全校范围内开展常态化的创新创业创造实践活动，如创新创业设计、创业活动路演、创新创业类大赛等专题活动。各学院积极响应配合与落实，鼓励各专业学生积极参加，从学生自主报名到校内选拔，安排专业教师进行指导，同时可将学生参与创新创业创造实践或竞赛情况纳入学生的实践教学管理，在各类实践活动中培养学生的创新创业创造意识、技能和能力。

参考文献

［1］张利海. 新形势下高职院校教育管理创新研究［M］. 北京：中国商业出版社，2023.

［2］李艾颖，朱琨. 高职教育管理路径及实践策略研究［M］. 长春：吉林人民出版社，2023.

［3］朱军. 教海探航：高职院校教育管理信息化发展与教学应用研究［M］. 北京：中国原子能出版社，2022.

［4］李洁，岳光耀. 高职教育管理理论与实践探索［M］. 长春：吉林人民出版社，2022.

［5］徐博文. 基于能力培养的高职教育教学模式研究［M］. 长春：吉林出版集团股份有限公司，2022.

［6］毛霞，曾雪芳. 高职教育的改革与发展研究［M］. 长春：吉林出版集团股份有限公司，2022.

［7］常涛，徐晖，李冉. 高职院校专创深度融合创新实践［M］. 北京：中国纺织出版社，2022.

［8］陈碎雷. "1+X"证书制度下高职复合型技术技能人才培养探索与实践［M］. 北京：冶金工业出版社，2022.

［9］柴草. 携手深耕共赢高等职业教育实践育人探索［M］. 长春：东北师范大学出版社，2022.

［10］贾庆成，王磊，王林生. 高职教育分类培养模式的研究与实践［M］. 郑州：黄河水利出版社，2022.

［11］梁秀文，付宁花. 新时代高职教育国际化发展研究［M］. 北京：中国财富出版社，2022.

［12］庞利. 高职院校治理体制结构和策略［M］. 广州：中山大学出版社，2022.

［13］李盖虎，彭迎霞. 高职院校治理能力提升研究［M］. 西安：西北工业大学出版社，2022.

［14］杨虹，谢盈盈，雷世平. 理论与实践：高职院校治理现代化研究［M］. 苏州：苏州大学出版社，2022.

［15］廖伏树. 创新视角下的高职教育管理［M］. 北京：光明日报出版社，2021.

［16］吴益群. 高职教育的创新与发展［M］. 长春：吉林人民出版社，2021.

［17］武文. 高职教育改革探索中嬗变［M］. 北京：光明日报出版社，2021.

［18］王勤香，朱政德. 信息化与新媒体时代高职教育教学研究与实践［M］. 郑州：黄河水利出版社，2021.

［19］王培松. 产教融合视域下高职教学管理理论与实践研究［M］. 长春：吉林科学技术出版社，2021.

［20］王文勇. 现代高职院校全面质量管理创新研究［M］. 北京：中国原子能出版传媒有限公司，2021.

［21］朱忠义. 高职院校内部治理研究［M］. 北京：北京理工大学出版社，2021.

［22］高荣侠. 教师教学方法创新与实践［M］. 长春：吉林出版集团股份有限公司，2021.

［23］张菊. 高职教育专业设置的管理机制研究［M］. 北京：经济科学出版社，2021.

［24］曹晓娟，鲍玮，王平平. 高职教育学基础与教学管理研究［M］. 长春：吉林文史出版社，2020.

［25］张一平. 高职院校教学管理概论［M］. 北京：北京理工大学出版社，2020.

［26］朱艳军. 高职院校教学管理研究［M］. 长春：吉林人民出版社，2020.

［27］刘康民. 高职教育供给侧改革研究［M］. 北京：北京理工大学出版社，2020.

［28］李爱娟. 高职教育管理与实践艺术［M］. 长春：吉林美术出版社，2020.

［29］魏安邦. 新时代高职教育实践探索［M］. 北京：化学工业出版社，2020.

［30］韦莉莉. 高职教育教学体系优化研究［M］. 长春：吉林摄影出版社，2020.

［31］任永辉，曾红梅. 新时代高职教育创新研究［M］. 长春：吉林文史出版社，2020.